2007 ニューヨーク・タイムズスクエア

2011 テアトロン野外コンサート

2011 香川栗林公園根上がりの松

2010 比叡山律院

2012 高松駅でストリートライブ

2012 霧島神宮オノヨーコさんと

2013 三浦雄一郎 80 歳エベレスト登頂

2013 出雲大社

2013 剣山の頂上にて

2012 道頓堀でストリートライブ

2014 中尊寺

2014 幣立神宮

2016 あきらめないからお天道さんは天の声を
教えてくれたコンサート

2015 サンパウロジャパンフェスティバル

2017 ブータン首相から感謝状

2018 イースター島モアイ像

2018 ブラジリアメトロポリタンカテドラル

2019 香川県石清尾八幡神社

台湾

インド

タイ

ミャンマー

ブラジル

アメリカ

ペルー

ボリビア

チリ

パラグアイ

ウルグアイ

アルゼンチン

イギリス

ネパール

ブータン

フィリピン

オーストラリア

ニュージーランド

メキシコ

デンマーク

イタリア

ロシア

ジョージア

南アフリカ

バングラデシュ

マレーシア

ベトナム

君が代と
世界の国歌を
歌う
たった一人の
ワールドツアー

大和魂のソプラノ歌手
鶴澤美枝子

国境を越え
友情と感動の輪を
世界に広げ続ける

はじめに

そりゃー、流石の私も何故こんな事をしてんだろう？　と時々思う事がある。
その私が持っているものは、日本人としての誇り・勇気・体力、それと志。
持っていないものは、恐怖心とお金。
簡単に言えば、「命知らずの歌バカ」なのだ。だから失うものは何もない。
しかも、私が歌うと世界中の人々が感動する、と単純に思い込んでいる。
だから、世界中どこにでも出かけて行く。
「え！　いまお歳は？」は関係なし。
「行くのは今です！」

君が代を歌い、2年と半年で日本国中を3周してしまった。
そして今度は「天の声」から、
日本を2周半した所で、「次は世界の国歌を歌い、世界を旅しなさい」
と言われ、私は「はい！」と返事してしまった。

現在、世界の国歌を歌い世界を旅する。飛んだ総距離数が23万8千キロ、地球を約6周になる。

訪れた国の数は31カ国。これを、わずが3年で歌い歩いた歌バカの一人旅。

まずは2015年、台湾、そしてインド、タイ、ミャンマー、ブラジルに行く、もちろん一人。

歌う事以外には何も考えていない。まるで、ちょっと東京に行くような感じ。

周りの人が「いい加減にしろ!」と言っても、「行ってみな分からんやろ?」こんな私を、人は「滅茶苦茶」と言うが何の問題もない。

「大丈夫」です。「だってお天道さんと一緒だもん!」

旦那は呆れ果て「もう諦めた」、「この人につける薬はもうない!」と思わせてしまったようだ。


ところが現実には、いざ現地に飛んで行くと、食べ物に泣き、国々の悲惨な状況に泣き、ひどい下痢に泣き、高熱に泣いた。

そんな中で喜びと言えば、私の歌を聴いて喜ぶ人々の顔。

私が日本人と分かれば両手を広げ抱きつく、そしてきっとまた来てくださいねと言ってくれる。

この声が私の80パーセント以上の苦しみを忘れさせてくれ、歌い続けなければいけないと思わせてくれた。


こんなに辛かったのに、天は、さらに世界ツアーをしなさいと言った。

こんな私だが、さすがに唾を飲み込みゴックンしてから、

「はい！」と答えた。

これまでの旅でも、「天は飴と鞭」を上手に使い、素直に従う私に世界中を歩かせた。

でも私には、世界の各地に特別の知り合いがいる訳でもない。

そこで、知り合いを頼ったり、現地の日本人を探したりする。

それでも、訪れる国に、お世話してくれる人が誰もいない時でも私は飛び出す。そんな時は、ストーリートライブをして回ればいい。

今考えるといつも危険と隣り合わせ、だが恐怖心がないため？　さらりと切り抜けてし

まう、まるで奇跡としか思えない旅の数々。

人は「うそー、そんなのあるわけない⁉」と言う。

でも本当なのだ。だから私はいまもきちんと生きている。

私は何に対しても「けち」。とくに時間の無駄遣いなんてもってのほか。

無駄だと思う事は一切しない。これならやれる！　と思ったことだけを最短距離でやり抜いているだけ。

しかし、どうも周りからはそうは見えないらしい。

何をやっているのか意味不明！　そんなことやって何になるの？　と言われ非難されるが、後になってわかるのは、私の行動はやはり最短距離。

周りの雑音を気にせず、「私なら出来る」と信じきる。こんな性格がどんな困難も乗り越えさせてきた。

そして、「はい！」と答えた瞬間、まずやる事は3カ月以上にわたる国際チケットの購入。

普通、人は計画を立て、これから訪問する12カ国で、現地で自分をエスコートし、動いてくれる人をさがす。

その人が一人でもいなければ、その国での活動はうまくいかないと考える。

しかし私の世界ツアーの行動はこうなのだ。

この国とこの国に行くと決める。

もちろんこの時点では、海外のコネクションもなければ、お金などある訳ない。

自分を絶対にしなければならない状況へと追い込む。これが私流の簡潔明瞭なやり方である。そして、その国の国歌を練習しまくる。

さあ出発！　20万円をドルに変えさっさと飛んで行く。このお金は4カ月分の生活費、困った時にはストリートライブすれば良い。

つくづく思う、本当に私は強運の持ち主であった。

どの国に行っても歓迎され、大喜びされ、日本人である事に限りなく誇りを持った。世界の国々を、日の丸を背にして胸張って歩けた。

でも絶体絶命になった事もいっぱいある。

そんな時、背中に挿してある国旗が、日本のパスポートが、私を助けてくれ、訪ねた国々の国歌が私を助けた。

しかし正直なところ、ダニに刺され、蚊に刺され、膿が出て痛く痒く辛くて堪らなかった。食べ物も喉を通らなくなり痩せてしまった。

そんな時に、世界中にいるボランティア活動の人たちと出会い助けられた。色んな国での活動がとてもやり易くなった。

これは私にとっての「奇跡」、やはり天は引き合わせてくれた。

1年間後には、更に天からの依頼がやって来た。

次は凄い！　5大陸全て、実に8万8千キロ、約地球2周と8千キロ。

チケットはもちろんすぐ購入した。そしてその旅で、奇跡は次々と起こった。


世界の国歌を歌うには、しなければならない事が沢山ある。まず楽譜を探す。

私は日本語しか喋れないから音符に言葉をカタカナで書き覚える。

中には、楽譜を一から作らなければならない時もある。

こう書くと、とても簡単なように思えるが、歌を自分のものにするには、およそ12カ国で4カ月は掛かる。

来る日も来る日も呆れる程練習するだけで、お金になるような仕事は殆ど出来ない。

しかし何故だか食べていける。いつも夫婦して「アハハ」と笑っている。これがまた痛快でしかたない。

今起きている事が、天から用意されていた事であると分かるようになってからは楽になった。


南アフリカで、ある人がこんな事を言った。

「個人で国にでも出来ないような活動をする人を、私は心から応援する！」

ベトナムでも同じような事を言って貰った。

その時、私は「とても尊い仕事をさせて頂いている」と実感した。


何故ここまでするか？　と自問自答した時。

世界中の人々に伝えたい事がある。

「大きな夢を叶えようと、諦めず努力し続けたら、どんなでっかい夢も叶えられるんだよ」

私の場合は、宇宙一になりたいから歌い続ける！

でっかい夢を見続けていたら幸せで楽しくて仕方ない。

若い世代には、こんな歌バカおばさんでも見て、

「歌っているだけで世界中を感動させてるなんて凄い！　きっと自分にも出来るはず

だ‼」

諦めなければ、あのおばさんのようになれると信じて欲しい。

信じる事によって、「夢は叶う」ことを私は知っている。

そして同世代の人たちには伝えたい、

「人生は60歳からがスタートですよ。足腰が痛いと言ってないで、犬の散歩ばかりしていないで、これまでの私たちの豊富な経験を若い世代に伝え、一緒に夢を語り生涯現役を貫こうよ！　今こそ、今が夢を叶えるチャンスですよ！」

でっかい夢や希望を伝え続け、世界中の人々が感動すれば、世界は平和になるに決まっている。

私、鶴澤美枝子は語らせたら、ただの歌バカおばさん。

しかし歌わせれば本物になる。

「夢叶える旅は」とどまる事なく広がり続ける。このまま行くと地球を飛び出すぞー！

まだまだ歌バカおばさんは進化する。

世界中のみんなが待っているから行かなければ！

そして私は今年２０１９年も旅に出る。約６万キロらしい。

いつもと変わらないのは、今年もお金はない。その上何やらとっても忙しいので、12カ国の国歌が覚えられていない。

それでも、６月中旬の出発を目指し、あとはチケットを購入するだけ。

それでまた夢は叶い、次の夢にチャレンジする。

実に楽しくて仕方ない。

２０１９年 令和元年５月

鶴澤美枝子

君が代と世界の国歌を歌うたった一人のワールドツアー●目次

第1章

ブラジルから始まった世界歌バカの旅

◇何がなんでもブラジルへ

何が何だか訳が分かない、頭がキラキラするのだ。
頭の中がブラジルへ行かなければと言い出した。

私が先ず始めたのが「ブラジル国歌」をユーチューブで探すことだった。
歌を聞いて頭が爆発した。これはオペラの中によく出てくる凱旋曲だ。
カッコいい！　素晴らしい!!
歌うぞー　歌うぞー！　となってしまい楽譜を必死になって探した。
出てきた楽譜のページの多さにまず驚く。
な、なんだこれは!?　これが国歌なの？

凄すぎるではありませんか？　信じられない。世界にはこんな凄い国歌が有るんだ。
私が、この〝凄すぎる国歌〟に出会ったこの瞬間、
「世界の国歌を歌うのが私の使命」になったのでした。

歌をうたい始めて48年。

ブラジル国歌は、オペラ大好き人間の私には申し分のない曲でした。

それはもう楽譜を見た時点で虜になってしまったのです。

楽譜の頁数はざっと10頁。


音取りを始めると結構難しい。

でも難しいのが大好きな私は直ぐ夢中になってしまいました。

でもいざ、「歌詞」を読み始めると、チンプンカンプン。

言葉が多過ぎるのです。

歌の入った国歌を探しましたが、サッカー試合の開会式で歌っているのが殆どで、肝心な言葉がさっぱり分かりません。

モコモコ言ってるようにしか聞こえない。

どれくらい聴いたか分からないくらい聴いた。

来る日も来る日も聴いた！　そして真似して歌ってみた。

ある日、これまでいくら私が歌っていても何も言わなかった夫が突然こんな事を言った。

「呆れるほど練習するのですねー」

「呆れるもクソもない。ブラジル人がびっくりするくらい上手に歌わないとブラジルに行く意味がない」と私は答えたような気がする。

気がつけば2カ月くらいこのブラジル国歌を練習しっぱなしでした。


私が自慢出来る事と言えば、「何が何でもやりぬく」事。

そのためには、「呆れるほど練習するしかない」それだけです。

あっという間に3カ月が経ち、これで良し！　もう誰にも負けんぞ！

限りなく自信がついてから、私は受け入れ先を探し始めたのです。


「ブラジルのミナスジェライス州の山奥のコーヒー農園の鈴木功さんという人がいます」

その方と10年前セミナーにたまたま一緒に参加したと言っていた知り合いの鈴木荘平さんの事を思い出した。

その荘平さんにお願いして、ブラジルにいる功さんに手紙を出してもらったのが幸運を招きました。


さあ！　そこで鈴木功さんに連絡をすると、

「折角ブラジルに来るのだから3カ月くらいいたらどうですか？」と言われました。

考えてみれば、そんな遠いところには二度と行く事はないからと軽い気持ちで、

「そうします」と答えてしまった。

お互い素晴らしく軽いノリであるが真剣でした。


しかしブラジルは大きい、私はその大きさを全く知らず、その上ミナスジェライス州が何処なのかも知らない。

それからと言うものは、先ずベースキャンプとなる宿泊場所を探しまくりました。

しかしサンパウロに知り合いはいない！

そこで又閃いたのが日本からの移民が多いサンパウロ。必ず香川県人会が有ると思い、早速香川県庁に連絡をしてみると、あった！　ありました香川県人会。

それからメールのやり取りをし、県側の協力もあり、3カ月間サンパウロの香川県人会の宿泊施設を無料で貸してくださることになったのです。ここまではうまくいった。


泊まる所さえあれば後はどうにかなる！　これで準備万端。

もうこの時点で、「何の不安も無くなった！」

これが歌バカ流、この馬鹿ぶりは想像を絶する物でありました。


後は歌さえ歌えれば何の問題もなし！

うん？　この自信は何だ？　と皆さん思うでしょうが、その自信とは、半端ない練習量と日本人の誇り、そして最大の武器が歌わせれば誰にも負けないという思い込み。

もうこの時点で、歌バカに付ける薬は全くなし。


後はブラジル行きの往復チケットとサンパウロ、ブラジリア間の往復チケット、そして3カ月の滞在費10万円。

流石に夫が3カ月で10万円でいいのですか？　と聞いたが、困ればストリートライブしますから全く心配要りません。

「大丈夫」の一言で　金比羅さんの大きなお札を3枚お土産に買い、本当に笑顔で日本を飛び立ったのです。全く問題なし！


私の持ってない物は「恐怖心とお金」、この二つを持ってないから大丈夫です。なくすものは何もない！

日本からブラジルまでの約2日ルンルンです。ニューヨークの乗り換えもスムースに、「何だ近いじゃん！」

入国の際、係官の「ポルトガル語は話せますか？」との質問に「NON」と答えます。「英語は話せますか？」の質問に、「A LITTLE」と答えると、首かしげ「大丈夫ですか？」と聞かれ「YES !」

全く大丈夫ではないと思った入国管理官も、歌バカの度胸の良さについ入国させてしまったようです。

しかし本人は簡単に入国出来た、ラッキーくらいにしか思っていない。
そしてこの度胸の良さと強運が導いたブラジル歌旅が始まったのです。

◇見ず知らずの人たちの歓迎に驚く

空港には、香川県人会の会長香川さんが迎えに来てくれました。頼んだわけでもない、日本から一人でくる「おばさん」が心配でたまらなかったようです。

香川さんは日系二世で日本語が堪能な人で、「お腹が空いていては何も出来ません。先ずはご飯を食べましょう」とお皿からはみ出るほどのステーキを食べさせてくれました。

有り難い、私はお腹さえ満腹なら充電満タン、直ぐにでも歌えます。

私がブラジルに来て先ず驚いたのは見ず知ら

香川県人会の会長さんと

ずの人が迎えに来てくれた事、そしてサンパウロ、ブラジリア、ミナスジェライス州。

この大きなブラジルという国で、すでに州ごとにチームが出来ていた事です。

サンパウロは佐藤直さん、ブラジリアは山西アリスさん他3名、ミナスジェライス州は初めに話を通した鈴木功さんと奥さんのお父さん。


この中で中心となる方はもちろん、ミナスジェライス州の山奥にあるコーヒー農園の鈴木功さんです。

この鈴木さんの呼び掛けにより私の到着前から既に沢山の人が、歌バカの私を応援してくれていたのです。

実は、この人たちは、私の「生歌」を聞いた事がない人ばかりです。

誰が投稿したのか分からないユーチューブを聞いて、よくわからないままに動いてくれました。この方たちの頭の中は謎だらけです。

「オペラって何⁉」状態なのです。


一番初めの舞台は「憩いの園」という、日系人中心の老人ホームです。

私は日本でも沢山の老人ホームを慰問していましたが、そこで感じるのが一人で動けない人が来る所、こんなイメージがありました。

ところが「憩いの園」のご老人たちはもちろん一人で動けない人もいるでしょうが、ほとんどの方がお元気、そして自分の出来る事は何でもここでやる。

サンパウロ老人ホーム

例えば、園内の掃除、畑仕事や洗濯。特技のある人は一緒にいる仲間に教える。

皆んな生き生きしているのです。私の歌を聴きに来てくれた女性たちは綺麗にお化粧をして綺麗な洋服を着ている。男性もピシッとお洒落をした紳士が多い。

決して今まで裕福ではなかった人も、

「憩いの園に来て初めてゆっくりとした日常を送ることが出来ました。こんなに幸せでじっとしていたらバチが当たる」と皆さん自分の出来る事は自分でする様になりました。

そう、ここはボランティアの運営する施設です。何と幸せな家族の集まる場所でしょうか、こんな老人ホームは日本で見たことがない、私には驚きでした。

とても「ご老人」何て呼べません。


コンサートが始まると、日本から来たと私を紹介してくださっただけで会場は大拍手。

ただし、この時まで誰も私の歌は聴いた事がありません。

先ず一曲目はトリノの冬期オリンピック・フィギャースケートで、唯一の金メダルを獲得した荒川静香さんが演技した時に使われた曲です。


「オペラ・トゥーランドットより、ネッスンドルマー誰も寝てはならぬ」

と説明し歌いました。その時の反応が、

「ただただ驚いた！　こんな歌聴いた事ない、その上こんな声も聴いた事ない!!」

そこにいる全ての人が、口をポカンと開けたまま拍手もない!?　そんな状態でした。

私にはこの状況は想定内の事でした。

「ここにおいでの皆様のお父さんお母さんが、日本から移住して来られて早100年が経ちました。そこで私は、皆様方に日本の国歌を聴いていただきたいと思い、日本から日の丸の旗と共にブラジルにやってきました。

先ず、日本の国歌を聴いていただくには、その前に、ブラジルの国歌を歌わなければなりません。それが日本の礼儀です」

こう挨拶をして歌い始めました。

聴いている全ての人が驚いた！　先ずこんな演奏聴いた事がない⁉

そして次に、その歌声、発音、そして堂々としている姿に驚かれたようです。

文字通り、目はまん丸、耳は象さん、背中は物差しを入れた様にピシッと伸びて会場にいる全員がびっくりした様子でした。

〝たまげた〟を通り越し、会場は驚嘆の一色でした。

聴いているだけでは我慢出来ず、国歌の終わりに近づくと立ち上がり一緒に歌い出す人まで現れました。

看護をしている人から調理師さんまで、憩いの園にいる全ての人が驚いた！

驚いた！　驚いた!!

涙と喜びに溢れ、最後には鳴り止まぬ拍手の嵐でした。

およそ老人ホームとは思えない盛り上がりに、通訳として同行していたサンパウロ大学の教授の佐藤直先生も涙を流し、

「日本人の血が流れている自分を誇りに思います。ありがとう！　ありがとう！　美枝子さんをお連れして良かった、あなたは私たちの誇りです」

この後には、「日本国歌」、「故郷」、「仰げば尊し」、そして「坂の上の雲」を続けて歌いました。


オペラ曲はもちろん、こんな歌声を聴いた事がない！　という老人ホームでの出来事は、すぐに噂となり街中に流れたようです。

その後の、サンパウロでの活動は大いに盛り上がり、私は歌いまくりました。

そしてブラジリアへと飛んだのです。

この時点では、まだリーダーの鈴木功さんは、私の生歌を聴いていなかったのです。

鈴木さんは、トラックの様な車で3時間かけ農場からブラジリアの空港に迎えに来てくれました。

車に乗り込むと早速話が弾みました。

日本では、私が話すとほとんどの人が馬鹿にしますが、さすがに、30年前に美味しい有機栽培のコーヒーを日本の人たちに飲ませて上げたいと一念発起してブラジルに来た人です、私と話が通じるのです。

それにしても、農場に続く道は凄い！　凄い！

赤土舞い上がり、前方から大型トラックが来ようものならしばらく何も見えません。

赤土が舞い上がる！

そしてガタガタの道をただただ走る。

「途中で狼やダチョウ、美枝子さんが見たこともない動物と遭遇するかも知れません。楽しみにしてください」

しばらくすると、本当にダチョウが畑の中を悠々と歩いている。ヒィエー!! ビックリ。

しかし驚きはこんなものではなかった。

農場は凄い所。数年前には７ｍもあるアナコンダが倉庫の中にいたという。人が飲み込まれてしまうので仕方なく猟銃で撃ち殺し、皮を剥ぎ身は従業員と均等に分けたと話す。その皮があるので見せると話すので、勘弁してくださいとお断り。今も大きな池に主はいますとの事です。

夕食後、鈴木さんご夫妻にブラジル国歌をご披露した。鈴木さんの驚きは半端でなく、その感想は、「イグアスの滝！　バズーカ砲！　びっくりしました！」

しかし言葉がもう少しだねと言った。

それには奥さんのマリコさんが反論、

「功さんのポルトガル語がおかしいのであって、美枝子さんのポルトガル語は完璧です」

ミナスジェライス刑務所

感動した鈴木功さんは、

「これはみんなに聴かせてあげないといけない」と頭が爆発状態。

それからと言うものは、ミナスジェライス州の公立学校、私立学校から身体障害者施設、さらには刑務所でも歌わせたのです。

もう目の回る様なスケジュールになり、文字通り、私と功さんと奥さんのマリコさんはあちこち走り回りました。

そして、パラカツにまで出て行く事になり、日伯記念行事コンサートでも歌いました。

心配なのは鈴木さんの事。

自分の仕事はそっちのけで、実に1週間もの間私に付き切りでした。

私がその話をすると、

「何ら問題有りません、美枝子さんは今しか居ません。

私はこれから生涯ここブラジルにいます。貴女は日本人の忘れた誇りを私たち日系人の暮らすブラジルに持って来てくれました。こんなに感動した事は有りません。私は好きで貴女を案内しているだけです」


そうしてブラジリアに戻り、日本料理「ゆず庵」のオーナー・アリスさんへとバトンタッチしてくれたのですが、鈴木さんは、諦めずに私の活動場所を探し続けていたのです。

私はアリスさんのレストランでコンサートをした後には、約20万人が集まるブラジリアのジャパンフェスティバルに参加し歌ったのです。

アリスさんと友人たち

その他にもいろいろな集まりで歌い、もう毎日のようにスケジュールをこなしていたのです。

鈴木さんは毎週土曜日、ブラジリアのセアダ（朝市）でコーヒーや卵、バナナ、野菜などを販売していますが、そこにいつも通って来る大使館の職員さんがいました。

鈴木さんがその職員さんに、実は日本からこんな凄い人が来ていますが、何らかのタイミングで歌えませんか？　と話してくれたのですが、それがまたグッドタイミングでした。

7月1日に、ブラジル日本大使館において山内防衛官歓迎レセプションの開会式があり、その後に、両国国歌を歌えるかもしれないので大使にお聞きしますと、その職員さんが話してくれました。

その後、「歌えます」と連絡がありました。それは盛大な式典で、私は今日までしかここに居ないというタイミングで、世界の大使が集まるレセプションで歌ったのです。

この時は、さまざまな事情があり、両国国歌をアカペラで歌う事になり、これは私にとっては、凄い体験でした。

在ブラジル大使ご夫妻

さらに、この歌に感動してくださった大使ご夫妻が私の所に来てくださり、パーティの終わりにもう一曲歌ってくださいと言われました。

私は「仰げば尊し」を歌わせていただきました。

この日はブラジリア滞在の最後の日でした。

私は何という強運の持ち主だろう！　日本を出発する時は、何もなければストリートライブでもしようと軽い気持ちでブラジルにやって来たのです。

思えば5月27日に日本を経ち、サンパウロでの活動をかわきりに歌いまくり、6月2日にブラジリアに到着してからも7月1日までの1カ月余り、ブラジリアでの活動は奇跡の連続だった様に思います。

そして翌7月2日にサンパウロに帰りました。

◇下痢との闘い。でも私は「歌いに来た!」

ここまでの1カ月あまりのブラジルでの活動を、言葉にしてさらりと書いてしまうと順風満帆で何事もなかった様に思えるでしょうが、私にとっては毎日が自分との戦いでした。

実は6月15日を過ぎた頃から日本では考えられない様な下痢に襲われたのです。

それも想定内の事で薬は持っていたのですが、しかしいくら薬を飲んでも効かない。

まるで体中の水分が出てしまうほどの下痢です。

お腹が痛くなかったのが救いでしたが、とても言葉で表現出来ないような凄まじい下痢だったのです。


こんな事もあるだろうと思い、日本でしっかり太らせてから出発した(笑)のですが、段々痩せていくのが自分でも分かりました。

痩せるのはいいが、私は一体何をしにブラジルへ来たのかと自分に問いかける様になったのです。

いくら問いかけても考えても、答えは一つ。「歌いに来た!!」

サンパウロ・ジャパンフェスティバル

下痢している事を悟られない様に、スケジュールをこなすのが辛い、この一言でした。

ブラジリアジャパンフェスティバルの時には、歌っている最中に下痢がはじまり、万全の対策で望んでいましたが、とてもつらく苦しい状況でした。

歌い終えると、マリコさんが私の大好きなオレンジジュースを用意してくれていました。その時、私が飲まないのを見て「どうしたのですか？」と不思議そうに尋ねました。

普段の私ならけして話しませんが、この時だけは、実は下痢をしていますと話しました。

マリコさんが「いつからですか？」と聞かれ

たので、
私が「もう2週間くらいなります」と答えると、

「それは大変。すぐ病院に行かなければ」と言ってくれたのですが、

「大丈夫です。薬を持ってますからこのまま様子を見ます」と話すと、

「そうですね。ブラジルの薬はきついですからショックを起こすと大変です。病院には行かない方が良いかもしれないですね」

だが、その下痢は1カ月も続いたのです。


7月2日にサンパウロに戻り、何事もないように活動を続けましたが、そのダメージは想像以上におおきかったのです。

そして7月4日には文協の桜祭り、5日は子供の園。そして夕方にはリベルダージの七夕祭り。この七夕祭りは、今ではサンパウロでは一番人気のお祭りで地下鉄リベルダージ駅を出た所に舞台があり、もう見渡す限りの人で埋め尽くされていました。

この時、5曲歌ったかなぁ？　オペラのアリア「トゥーランドット、ネッスンドルマー」

「椿姫・花から花へ」「ブラジル国歌」「故郷」「坂の上の雲」

七夕祭りで会場を埋め尽くす人々。道の向こうからもこちらを見ているたくさんの人がいて、私が歌い終えると大声援が上がり、何曲歌っても、オーと声が湧き上がる。

本当に気持ちよかった。あ〜〜歌っていて良かった。

これまでの長い人生でこれほど感動した事があったでしょうか！

皆様ありがとうございます、ありがとうございます。心の底から感謝し舞台を降りようとすると、誰れかが「ちょっとお待ちください」と舞台に駆け込んで来ました。

私は何事か？　と逆に急ぎ足で舞台を去ろうとすると、その人がマイクを持ち、

「こう言う事は過去一度も有りませんでした。感謝の言葉を言わせていただきたい」

そして、香川県人会の会長香川ネルソンさんを舞台に呼び、

「ブラジルではオペラは上流階級のお金持ちが聴くものです。ですが貴女は遠い日本から来てくださりこの様な場所で歌ってくださいました。私はオペラを歌うと言う事で大変心配しておりましたが、皆さんがこんなに喜んでくれました。

この感動を感謝の言葉を言わずにはいられません。ありがとう、ありがとうございます。

涙が溢れてたまりません」

その方は男泣きに泣き、私ももらい泣きしてしまいました。もっと沢山の言葉がありましたが、残念ながら覚えていません。

普段日本では褒められる事に慣れてない私は、きっと褒められすぎて、褒め言葉を収める器が容量一杯になってしまったのでしょう。

ある人から、「貴女は天のミッションを約束された」と言われたのを思い出した。

そしてこの言葉を、改めて胸に深く刻んだ一瞬でもありました。


この感動をどんな言葉で表せばいいのでしょうか?

「お天道様教えてください」と何度天を見上げたでしょう。

この後の活動を記録で見ると、7月4、5日と桜祭り、子供の園まつり。

そして、コーラスムラで歌った時に質問責めにあったのです。

美枝子さんの歌を聴き、

1. びっくり仰天して何も出来なかった。動けなかった
2. 天から降りてくる様な声はどこから出てくるのですか
3. その細い身体は随分鍛えているようですが、バレエおどりますか
4. 何歳ですか
5. いつまで歌えると思いますか
6. 弟子は取らないのですか
7. 何食べてますか

質問は続きます…。

一体どれだけ質問されたのか覚えていませんが、私の答えは一つ。

「マリアカラスさんの様な声が出したくて、練習して練習して練習しました。諦めないから お天道様が生涯歌える声をくださいました」

この私の答えに、「生き様に衝撃を受けました」と言うお言葉もありました。

いやいや。ブラジル、サンパウロ、ブラジリア、ミナスジェライス――。

歌えば歌うほど褒めていただき取材されまくりました。

本当にありがたい事です。

一つ一つのステージでの出会いを書いていると、ブラジルでの3カ月だけで1冊の本が書けるのではないかと思えるほどです。

ある会場で、香川県人会の鉄男君26歳が話してくれた言葉、彼の一言が私を支えてくれた、そんな言葉の一つでもあります。

「鳥肌が立ち涙が止まりませんでした。人の力とは限界を超える事でここまで来る。僕も諦めず頑張ります」

余談ですが、この後、ダニに刺された所が腫れ上がり、蚊に刺された所が化膿し、8月も2日を過ぎた頃から食べ物が喉を通らなくなりました。

でも歌わなければ、何があっても!

体重も5キロは落ちたかなぁ?　すっかり痩せてしまいました。

サンパウロに戻った頃から、街の匂いが鼻に付くようになりました。何か食べなくてはと思いスーパーに行きましたが、その匂いに吐き気がして止まらないのです。

いま思えば、鈴木さんの奥さんマリコさんの手料理が美味しかった。アリスさんの日本料理が美味しかった。こんな事ばかり思い出す。ブラジリアでは皆さん気を使ってくれ美味しいものをたくさん食べた。なのに、ここでへばったら何をしにブラジルに来たのか分からなくなる。とにかく食べなければ。後20日、頑張らねば！

サンパウロは果物が美味しい。毎日マンモパパイヤ、アボガチ、レッドマンゴーを食べる。これは美味しい絶品です。

鈴木さんにこの状況を伝えるとケンタッキーはここにある、とかこんな種類のチーズが食べやすいとか、知らない人からも情報が入るようになりました。

意外にもブルーチーズが私の口にあったのです。

美味しくて、美味しくて、たまらず涙が溢れました。そして、香川県人会のルシアナさんが何か欲しいものありますか？　と聞いてくれ、和牛のバーガーが食べたいですと答えると探してくれレストランに連れて行ってくれました。

サンパウロでは高級レストランです。顔ほどもあるハンバーガーですが、臭いが日本製です。嬉しい！　体中の細胞が喜んだ。美味しい！　元気が出る出る！

この時ふと思ったのが、日本人である私はなんと贅沢な事か。

食べ物で文句言い、街が臭いと文句言う。

この街で暮らす人は、誰一人として文句を言わないであろう所で体調を崩して文句を言う。何と情けない事でしょう。

こんなに痩せてしまいました

しかし、ブルーチーズと和牛ハンバーガーで私は気力を取り戻したのです。

この話を聞いたブラジリアのアリスさんが、サンパウロに飛んで来て最高級の握り寿司をご馳走してくれました。

ブラジルに来て初めて出会った人たちが仲間となり助けてくれたのです。

◇貴女は日本では難しい。大陸に渡れ!!

この後少しずつ体調も回復してきた。あのブルーチーズ、あのハンバーガー、あの高級握り寿司がよほど効いたのか、笑える様になってきました。

8月10日。カンボス・ド・ジョルドンの桜祭りに行く。

サンパウロは日本の3倍もあり、来週行くサンタパーバラは600キロもあるがまだまだサンパウロです。

でっかいぞーサンパウロ！ と話ながらバスは走る走る。

3時間ほどバスは走り、標高1800mのカンボス・ド・ジョルドンに到着する。

うそ～ うそ～～ みなさ～ん 桜が満開、藤も満開です。

石楠花も満開、椿も満開です。

8月ですよ8月、春の花はみんな勢ぞろいです。うっそー！

桜ホームは、20年前まで日本人の結核療養所でしたが、今では結核もなくなり老人ホームになりました。


この街はドイツ系の移民の街で、街全体がメルヘン街道をイメージしている様で、とてもブラジルとは思えません。

マスの養殖が盛んでブラジルでは珍しく魚が美味しい。

そして名物のチョコの味もいい、見た目も可愛い。

日本へ持って帰るためイチゴの箱に詰めてもらいました。あとは壊れない様に祈るだけです。このお祭りでも歌いましたが、街の美しさが、チョコが記憶の底に残っています。

明日もまた、たくさんの希望を皆さんに届けられます様にと南十字星に願いを込める。

ありがとうございます。


翌日はサンパウロ大学でのコンサートへ向かいます。

今日のテーマは「鶴澤美枝子の生き様と魂の歌」

今思い出しても大げさなテーマだと思います。

大学でコンサートをするにしては余りにも大雑把で何の打ち合わせもありません。大学の担当者が佐藤先生に打ち合わせはいらないですか？　と聞くと先生は、「ノン！　この人は打ち合わせなんかいりません。大丈夫ですから」

先生はサンパウロに来てからほとんど私の運転手をしてくださっている。何処へ行ってもこんな調子でえらく私をお気に入りのご様子です。

もう一つ先生の口癖に、「皆さん、予定はその時決まる。予定は未定と思ってください」その時、「私は14日は領事館で何するのですか？」とお聞きすると、「そりゃ～偉い人がたくさん来ますから、そこで歌うのでしょ～う、良かったね」とこんな調子です。

佐藤先生は日系三世のサンパウロ大学生物学の教授です。代々学者さんの家系でポルガル語、英語、日本語を話され、その人脈から、サンパウロ社会では相当有名人です。

ではなぜこんな方が私の運転手兼通訳をしてくださるかと言いますと、私の生き方に惚れその歌声に惚れた。

そして、日本人の誇りが、私という人間を何が何でも助けてやらなくてはいけない、と思ってくださったのです。

初めてのブラジルでこんな人に出会ったこれこそ奇跡でしょう。


この日のコンサートでもスタンディングオベーション！　私は涙、涙…。

鳴り止まない拍手の中、コンサートを企画してくださった佐藤先生からのお言葉です。

「生まれて初めての経験をしました。人の声が人の声ではなく天から降って来ました。オペラも初めて聴き、美しく輝く64歳の美枝子さんの姿に、驚き・感動・希望をいただき心から感謝します」

私はこの夜も、南十字星に明日も皆さんに希望をあげられます様にと祈りました。


この後も南米神社で歌い、外務省パーティで歌い、憩いの園で歌い、エンキョウで歌い…。サンパウロの夏はフェスティバルが目白押しです。

そして最後に歌った大使館のパーティを企画した会長さんから頂いたお言葉です。

「オペラ歌手が日本から来ると連絡がありました。どうせ童謡か民謡を歌う、そんな所じゃろ、と思っていましたが、いやいやオペラとは凄いですなぁー。あんな声、命がけで出さないと出ません。あの声は一体どこからでるのですか？　ひっくり返るくらいびっくりしてしまいました。

皆さん今日はここに来て良かったですなあ〜。元気になったでしょう」

若い頃から「貴女は日本では難しい。大陸に渡れ‼　大陸なら貴女をきっと受け入れます」と何回も何回も言われてきたこの言葉が頭に浮かびました。

何も考えず、3カ月のビザを取り飛行機のチケットを購入してしまった、この怖いもの知らずが、思い切りの良さが、目に見えぬ力を動かせたとしか思えません。

これが自分に負け、あの辛かった時にリタイヤしていたら、恐らくここまで来なかったでしょう。そして一生後悔していたでしょう。

今日も鈴木さんは大忙しです。日本から来た歌バカを家族だと思い、およそ半年も付き合ってくれました。

明日は飛行機の中からほんの少しですが、お天道様の近くからブラジルでお世話いただいた皆さまのお幸せを祈りながら帰路につきます。

初めての南米大陸。感動の涙、辛かった涙…。

私はひと回りも、ふた回りも大きくなり日本に帰ります。

全ての人に感謝して。

ありがとう、ありがとうございます。

◇NYで実感！　日本人で良かった！

日本へ帰る日がやって来ました。

21時40分ニューヨーク迄のフライトはタム航空です。JALのチケットを購入しましたがNY迄は共同運行便となります。

カウンターでチケットを貰い目が点になりました。37F—三列の真ん中です。

これも仕方ない、格安チケットだから。お金を払うか格安を取るか、後者を選んだのだから…。

我慢我慢…もう日本に帰れるのだから。右側がアメリカ人、左側がブラジル人。これから約10時間のフライトの始まりです。

とにかく寝てないとニューヨークで乗り継ぎをしなければならない。考えるのはそれだけで薬を飲みスヤスヤ寝ました。ＮＹに近づき入国手続書に記入しなければと思うが最後に書いてある意味がはっきりしない。右隣のアメリカ人は寝ていたので、不覚にも左隣のブラジル人に聞いてしまったのです。それからは大変な事になりました。

彼女はポルトガル語でちんぷんかんぷんの言葉を大声で喋り続けます。私はたまらず、Eu sou um japones（私は日本人です）と言ったのですが、人の話など聞かず益々エスカレートして、大声で結局乗務員を捕まえて何か喋ります。乗務員が持って来た入国審査書はポルトガル語だった。ブラジル人は人の話は聞かない、防衛のためか自分が大声で話すばかりです。結局持っていた入国審査書を自分で書いて、後はお天道様頼み。お願いします。たまげた、たまげた！


さてＮＹ乗り継ぎは３時間です。時間に余裕が有ると思っていたのが大間違いでした。

ブラジル人がほとんどのこの飛行機の入国手続きは遅々として進みません。

ブラジル人はアメリカに入国し辛いと聞いていましたが本当です。

１時間過ぎても自分の順番が来ない。そして更に30分してやっと順番が来ました。

日本のパスポートを出すと親指一本でオッケー。えっ！　終り？

ひとまず安心しましたが入国に時間がかかり過ぎ、何処にも私の荷物がないのです。


ここで単語しか知らない英語が大活躍。

「Where is my baggage」―荷物預書を持つて聞いて歩き回りました。山盛りの荷物の中からやっとの思いで探し出しカートに乗せ、次は第１ターミナルを探す。

ラガーディア空港には案内板もなければ時計もありません。

「Where is Japan Airline ?」と聞くと、３階に上がり橋を渡り２階に降りると聞いたので走って行くと行き止まり。焦った!!　もう１時間しかない。

元に戻りエレベーターの前で立ち、「お天道様助けてください、お願いします」…と右を見ると白い服のシスターが現われ、Japan Airline？　と聞かれたのです。

Yes Yes !!　と答えました。

シスターは日本語は話せませんが私も同じ飛行機です。一緒に行きましょう。何処から来たの？　と聞かれブラジルからですと言うと、私もブラジルからです。

貴女も American Aialin？　と聞かれ、いいえ私は Tam ですと答えました。

すると、それは大変でしたね、私はＮＹで通訳が待っていたのでここからは一緒に行きましょうと言ってくださり、３人でエレベーターに乗りました。

「神様ありがとうございます」と思わず手を合わせました。

するとシスターはうなずかれ、大丈夫、大丈夫と言い3階に上がり橋を渡り、2階に降り、モノレールにのり、第1ターミナルにやっと着けました。

残り30分でした。これらの会話は全て英語でしたが、日本語のように聞き取れました。

でも私が返したのは単語だけです。

ＪＡＬカウンターに着きチケットを出すと、

「ご苦労様です。いつも日本航空をご利用ありがとうございます」

と渡されたチケットが24Ｇ？

「長旅でお疲れでしょうから足元の広い席をご用意しております。ゆっくりおくつろぎくださいませ」

やっと日本語で話せる良かったぁー！


席に着き、後ろを振り向くとシスターは真ん中の席の真ん中にお座りでした。

日本人でよかった！　席は広いしラクちんです。


ゆっくりくつろぎ、もう焦る事もないリラックスしましょうと思っても、頭の中はブラジルで連続して起こった奇跡に思いは巡ります。

持って行った滞在費10万円はなんと、約24万円になっていました、びっくりです。

思えば行く先々で、「感動した！」と言ってはお金をポケットにねじ込んでくれました。

感謝！　感謝！　です。

◇感動的な鈴木さんからの言葉

ほとほと疲れていたのでしょう…。もう何も考えられなくなった…、寝ようとしても一向に眠れず頭は限りなく冴え渡っていった…。

無事成田から高松に到着。ただ安心した。ほっとした。嬉しかった。

私は何かに守られたようにブラジルに行き、守られて日本に帰って来ました。

大恩人の鈴木功さん

疲れ切って帰国した私宛に、素晴らしい便りが届きました。

ブラジルの鈴木功さんからのメールにはこうありました。

――お陰様で鶴澤美枝子様のブラジル公演は大感動、大成功のうちに終了しました。私も心より安心、満足し、鶴澤さんとの躍動感溢れる日々を回想し作成したレポートなどを再読し、喜びに浸っております。

鶴澤さんは、今回の公演で、ブラジル人に偉大な宝物を残してくれました。それは多くの日本人が、日系人が、「鶴澤さんがブラジルに来てくれた事を日本人として、日系人として誇りに思う」と胸を張り、声を大にして言ってくれている事です。

私たち日本民族は素晴らしい伝統と、民度の高い教養、文化を持った誇り高き民族だったはずです。

その文化を伝統を戦後次第に失います。現在物質的には繁栄しているものの、日本人としての誇り、プライドを失い、激動する世界の中で、浮き草のように漂っているように見えるのは私だけではないとおもいます。

その誇りを、鶴澤さんは歌に託してブラジルの日本人、日系人にそして生粋のブラジル人に伝えてくれました。

パラカツでブラジリアで鶴澤さんの歌声が人々の心を震わせ、熱くし涙を誘いました。そして鶴澤さんが、一人で、自費で危険を顧みずブラジルと日本と世界の平和のためなら喉をつぶしてもかまわないとの覚悟で歌っていることを知ると、

「鳥肌が立つような感動だ!! こんな人間、世界に何人いるか!? 日本人はなんと素晴らしい民族なのだ!!」

と言って人々が鶴澤さんを抱きしめ、キスして、感謝を伝えている光景を何度も私は見てきました。鶴澤さんは、これからもブラジルだけでなく、世界の人々に、歌に託して日本人の素晴らしさを伝えてくれる事でしょう。

サンパウロ新聞 São Paulo Shimbun

談、一(法要には)静かで心にしんみり染み入る『十七八節』が一番いいと(先祖供養を大切にする)沖縄県人の心の持ち方がとてもいいと褒めていかった 次回に動画などの媒体に残しておくことなども検討したい」と話 しい」と、沖縄文化の継承への思いを語った。

君が代で日本の心伝えたい

鶴澤美枝子さんが来伯中

「君が代」を歌って日本人の心を伝えている鶴澤美枝子さんが、1日に来伯した。

鶴澤さんの来伯は2年ぶり。現在、世界ツアーの真っ最中で、4月7日のアメリカのシアトルを皮切りに、7月23日のフィリピンまで17カ国23都市を周って「君が代」を各地で斉唱する。「君が代」だけでは各国の人に聴いてもらえないという思いから、他国の国歌も習得。今では45カ国の国歌を歌えるという。

これまでに北米と南米各国での公演を終えているが、「信じられないくらい良い反応をもらっている」と喜び、各国で「日本人がどうしてここまで他国の国歌を歌えるのか。発音も良く、歌声も素晴らしい」と評判を呼んでいるという。

「日本人は世界の平和を願っているということを、歌声から感じ取ってもらえたら」と思いを述べた。

伯国では各地を回って歌声を披露する予定。23日午後9時からは、サンパウロ市リベルダーデ区のニッケイパレスホテル(Rua Galvão Bueno, 425)で行われる盛和塾の山田勇次さんの講演会で斉唱を行うことになっている。

来社した鶴澤さん

前11時から午後3時半、ディナーが午後5時半から同10時半までとなっている。問い合わせは、電話11・3251・1836。

私たちも、日本人の誇りに目覚め、自分に出来る事を出来る範囲で尽力し、これからの日本を、世界をそして碧く輝くこの美しい地球をますます素晴らしいものとして後世に、私たちの子孫に伝えるための努力、精進してゆきたいと心より思います。——

30年前、大きな志を持ちブラジルに渡り、ミナスジェライスの山奥にコーヒー農園を作り、その間何度も倒産の危機を乗り越えて、日本に出稼ぎに来てまで家族と農園を守り抜いた鈴木さんならではの、鶴澤美枝子の見え方です。

本当にお互い大馬鹿で良かった。

その純粋な気持ちが二人を引き合わせたのでしょう。

まさに「天の計らい」でした。

鈴木荘平さんから繋がった鈴木功さん、そこで起こった奇跡の数々にありがとう。

ありがとうございます。

第2章

驚きと感動に充ち溢れた日本と世界の国歌による交流

◇貴女は何故ヘブライ語で歌えるのですか？

私が、世界の国歌を歌って世界中の国を旅をすると言った時、「国歌を歌ってどうするん？」と言った人がいます。

その人は他でもない夫の鶴澤です。

その時の私の答えが、「お天道さまと約束しました」の一言でした。

私にはこつぜんと「天の計画」が降りてきます。

私の答えは「はい！」しかないのです。

何でだろう？　意味不明、説明不能ですが、いつも「はい！」と言っているようです。

前にも書いたつもりですが、「はい！」としか言えなくて。

でも約束を破ったら、閻魔さまに舌を抜かれるから当然やり遂げなければならないのです。子供の頃の教えには逆らえません。

完全に私の身体の隅々までその教えが浸透しきっているのでしょう。

「国歌」を歌うという約束はしたものの、具体的に何をどうすれば良いのか分からないまま、ひらめいたことはユーチューブを聴くことでした。

最初は、とても簡単なように思えたのですが、とても簡単な楽譜しか出てこなかったのです。それが韓国の国歌「愛国歌」でした。

実は私はまだ、韓国で歌ってないのですが、あるセミナーが鳥取であり、そこで「愛国歌」を歌った時のことです。

私が歌い出すと直ぐに、なぜか涙を流しながら指揮をする紳士がいたのです。

泣くは泣くは、その人を見て居られないくらい泣くのです、私はもらい泣きしないようになるべくこの方を見ないようにしました。

すると次に、イスラエルの国歌「ハティクバ」は歌えますか？　と聞かれたのです。

「はい！　歌えます」と答え歌いました。これには参ったらしい…。

前にも増して指揮をしながら男泣きに泣くのです。一人ならまだしも、隣の人もまた隣りの人も泣きだしたのです。

歌い終えると、こんな質問をされました。

「言葉の読みが難しくわからないので私は日本語で練習しましたが、貴女は何故へブライ語で歌えるのですか?」

「私はプロです。難しくても何でも歌う時には原語でないと歌いません。それが当たり前です」と言い切ったのです。


その大泣きに泣いていた男性は韓国の方でした。長い間アメリカ中で仕事をされ、次の赴任地が鳥取だったのです。それにしても立派な人でした。こんな方が私の歌で泣いてくれる。

この人の隣に座っていた、まるでお公家さんの様なお顔をされている日本人も立派過ぎます。後々この方に大変お世話になるのです。

後で聞いた話ですが、

「貴女の声が天から降ってきた。しかも日本語で歌うと思ったら原語で歌われた。そのうえ聴いたことのない素晴らしいオーケストラでしたので、涙をよけいに誘った。

貴女は一体何をされているのですか?」

「はい!　私はただの歌バカです。これから世界の国歌を歌うために世界中を訪れるつもりですが、日本ではこんな私を相手にしてくれません。

でも、お天道さんと約束したので一人で重いカバンを持ち世界を旅し歌っています」

とお話しました。

その時はそのまま別れました。しばらくすると、

お公家さんの様なお顔をされている人から電話があり、

「次はどこへ行きますか?　宜しかったら世界を私が繋ぎます。これで貴女も少しは活動しやすくなるでしょう」と言われたのです。

そこで世界ツアーの予定表を送りました。

「ところで、受け入れは何処が決まってないのですか?」と聞かれたのですが、

「兎に角自分たちで努力してみます。どうにもならなかったらお願いします」

とご返事しました。

その時は、世界ツアーが目前に迫っていました。

「アメリカはどうにかなる。ペルーもどうにかなる。ブラジルもどうにかなる。後はどうにもならない…」、そんな状態で私は日本を飛び出してしまったのです。

そうなると、日本にいる夫の鶴澤は必死です。

何とか繋ぎをつけておかないと…。

とくに南米は日本人がちょろちょろしていると危険と聞いている。

とてもストリートライブを出来る所ではありません。

そんな事になっているともつゆ知らず**アメリカ**到着。シアトル、ロサンゼルスと難なく歌い、ニューヨークに入ると前の2つの都市で歌った噂がここまで届いていたのです。

それで、どういう訳か解らないまま引っ張りダコとなっていたのです。

ある日、「ホテルで待機していて下さい」と言われそうしていると、通訳の貴子さん（元国連通訳）が、元ジュリアード音楽大学の教授（現在は映画音楽の作曲をしている）で、その世界では超有名なマイケル・アンダーソン（仮名）さんをホテルへ連れてきたのです。

するると元教授は、私に向かって一曲歌いなさいと言ったのです。

そこで地下に降り、私が歌い出すとホテルの人が駆け下りて来て、

「やめてください、歌わないでください！」と制止したので、元教授が怒り、そこで大喧嘩になってしまいました。

結局ホテルの中では歌えず、外で歌う事になり、そこで私は歌ったのです。たった一曲でしたが。それからホテルに戻り1時間ほど話をしました。

先ず元教授は、私にこんなことを聞いたのです。

「何故ジュリアードにこなかったか？」

私は、「行きたかったが、小さな子供がいてお金もなかった。英語も喋れなかった」

それでも彼は、

「何故ジュリアードを受けに来なかったか？　来ていたら私が通していた。子供がいても英語が喋れなくてもお金がなくても、来ていればどうにかなっていた。何故来なかった

か？」

と何度もしつこく聞かれたのでした。

私は悔しさで胸がいっぱいになりながらも答えられなかったのです。

その後も、色々話があり、

「最後に何か望みはありますか？」と聞かれたので、

「私の様なものでも何か仕事はありますか？」とお聞きすると、

「ジュリアードを受ける生徒に指導をしてみないか？　まず一年…」

私はそのお話には即答しました。

「今はそんな事をしている暇はありません。私はこれから世界の国歌を歌い世界中を旅しなければなりません」と答えたのです。

すると通訳の貴子さんが、「貴女何を言っているの？　チャンスよ」

と言ってくれたのですが、「それは出来ません」とはっきりお断りしました。

たまに、ＮＹに来て歌うという事なら出来なくもないが、一年中ＮＹに滞在するとなると、それは出来ない相談だったのです。

別れ際に元教授は、残念そうに何度も振りかえりながらホテルを出ていかれました。

正直一瞬考えました。でも自分の決断に一切後悔はありませんでした。

こんな事が起きるなんて！　感動を超えるあり得ない話でしたが、気持ちは更に落ち着きました。

これで良いのだ！　同時に、「私の歌は間違いない」と確信したのです。

夫鶴澤は、この間も必死でチリの受け入れ先を探していました。もう残り15日しかありません。明日はペルーに行く日になっていたのです。

もはや万策尽き、そこであの紳士に連絡したそうです。

チリ、ボリビア、ウルグアイ、ネパール、ブータン、フィリピンをどうにかお願いします。

こうお話すると簡単なように聞こえますが、必死になっても誰も繋げなかったのです。

それどころか、事情を聴いた日本人からは、そんな危険な所へ行くからだ！　と逆に笑われたそうです。

◇ペルーの野口英世学校で歌う

この紳士にお願いすると、先ずはウルグアイを繋いで下さったのです。

そして、私がペルーで活動しているうちに1週間後に行くチリが繋がり、後の国も知らないうちに繋がってしまったのです！

私は当然ながら、事の経緯についてはよく解っていませんでしたが、夫鶴澤は「ビックリした！」の一言だったようです。


話を戻しますが、**ペルー**には野口英世学校がありました。

日系人の学校だと思って行ったらペルー人の幼小中学校でした。

200人ほどの子供が通う砂漠の中にある学校の校門をくぐると、日本とペルーの国旗が掲げてありました。

野口英世学校の生徒たち

「チユーリップの歌」や「さくらさくら」を歌いながら、幼稚園の子供たちが日の丸の旗を振りながら歓迎してくれたのです。

講堂に入って行くとさらに大勢の子供たちがいました。

私が挨拶をして、先ずペルーの国歌を歌い出すと、子供たちも歌い出し、いつのまにか大合唱になりました。

国歌を歌い終えると講堂内は盛大な拍手に包まれました。

次に日本の国歌を歌いはじめると、また子供たちが一緒に歌い出したのです。ペルーの子供たちが日本語で、「君が代」をです。

段々と声が大きくなり、また大合唱になったのです。

校長先生が泣いている。先生たちも泣いている。新聞記者も泣いている。

どうしたのか？　と思っていると校長先生が話してくれました。

「毎日朝礼でペルーの国歌と日本の国歌を流していますが、子供たちは歌った事はありません。

私は子供たちが日本の国歌を歌うのを初めて聞きました。感動しました。涙が溢れて止まりませんでした」

新聞記者は、「私も驚きました。鶴澤さんがペルーに来て、ペルーの国歌を歌い歩き、野口英世学校で両国の国歌を歌い、今まで歌ったのを聞いたことのない子供たちが日本の国歌を歌いました。

私は鶴澤さんが来てくれた事に心から感謝します。

そして私は日系2世ですが、日本人の血が流れている事を誇りに思います。

鶴澤さんはこんな遠いペルーまで来てくださって私たち日系人のルーツを思い出させてくれました。本当にありがとう」

こう言って下さり、翌朝の新聞は一面から三面まで、私鶴澤美枝子の記事だったのです。

日本でいくら歌っても、馬鹿にされるばかりだったから、素直に喜んでくれ、それをそのまま新聞記事にしてくれるなんて信じられませんでした。

翌日、日系会館に行くと、そこにいる皆んなが褒めてくれたり喜んでくれたのです。枯れたはずの私の目から思わず涙が溢

El extraordinario ejemplo de vida de Mieko Tsurusawa

La soprano japonesa se presentó en el colegio Noguchi y deleitó a todos con la potencia de su voz

Por: Christian Hiyane Yzena

La soprano japonesa Mieko Tsurusawa deleitó con su potente voz a alumnos y profesores del colegio Hideyo Noguchi, en una visita que realizó ayer por la mañana al plantel.

Nacida en Takamatsu, capital de la prefectura de Kagawa, el caso de esta cantante es ejemplar debido a que en su infancia sufrió de parálisis, pero superó esto gracias a la música.

En todos sus viajes, lleva siempre un mensaje de paz y esperanza, así como de amor a su país. Tsurusawa es una atenta observadora del comportamiento de los ciudadanos hacia el lugar en el que nacieron, costumbre que parece estar perdiéndose en el Japón a raíz de la fuerte inmigración asiática. Por ese motivo, suele entonar el himno nacional del país que visita así como el de Japón.

«¿Cómo promueve la paz? Entonando los himnos de cada país, que ya son 35. Es una persona que busca la unión de todos los Estados», refirió la directora del plantel hideyino, Juana Miyashiro. Junto a ella estuvo también la asistente Jakeline Matsumura y las profesoras Neyde Kanashiro e Iku Shimabukuro.

Después de entonar los himnos de Perú y Japón, ofreció varias piezas más que demostraron su calidad vocal, como el clásico tema *Furusato*. En todo momento, participó con el público a través de preguntas que revelaban su vena pacífica y nacionalista. «¿Hay alguna persona que quiera viajar por el mundo y transmitir la paz», «¿Alguien conoce Israel?» Tsurusawa subrayó el gusto de los más pequeños al entonar con fervor y patriotismo las notas del himno peruano. En la parte final, firmó autógrafos.

Una de sus referentes principales fue la cantante de ópera María Callas y formó parte de la compañía teatral Takarazuka (Takarazuka Kagekidan). Tsurusawa cumple un prolongado tour que la llevará por Sudamérica, Europa y finalmente a países del sudeste asiático. A fines de abril, arribó por primera vez al Perú y luego partió a Santa Cruz, Bolivia. Retornó nuevamente a nuestro país y mañana se dirigirá a Chile.

Entrevista

«A los 15 años me di cuenta que lo que uno quiere lo puede hacer»

¿Cuándo llegó al Perú?
El 28 de abril de este año. El 30 viajé a Bolivia y después, el 7 de este mes, regresé a Perú nuevamente.

¿Cómo se siente en Lima?
Me dijeron que era un lugar peligroso, pero es un bonito lugar. Me gusta el sabor de su comida y las buenas personas que son.

¿En qué lugares se ha presentado?
Primero fue en el Jinnai, luego el colegio La Victoria, la Academia de Idioma Japonés Ichigokai, en Surco. Antes de irme volveré a Jinnai.

¿Dónde continuará con su gira?
Después de varios países de Sudamérica, como Chile, Paraguay, Argentina, Uruguay y Brasil, voy a Inglaterra, Nepal y Filipinas.

¿Está visitando países con presencia de descendientes de japoneses?
En sí se trata de eso, ir donde hay colonia de japoneses, entonar el himno del Japón por el respeto que se ha perdido. La gente allá casi no lo canta.

¿Gracias a la música usted pudo superar el tema de la parálisis?
Fue a los seis años, cuando los médicos dijeron que no iba a poder caminar. Tuve rehabilitaciones, me esforcé bastante, y por un milagro volví a caminar y ahora tengo una vida normal. A los 15 años, me di cuenta que lo que uno quiere lo puede hacer. En el momento en que hacía las terapias de rehabilitación, escuchaba a María Callas. Me gustó mucho y decidí ser cantante de ópera. Puedo decir que eso me dio un empuje.

ペルー新報

れ落ちました。

来てよかった。心からそう思いました。嬉しくて堪らなかった。

その後、ウルグアイ、パラグアイ、ボリビアの各国を訪れましたが、当地の日本人が迎えに来てくれました。

ボリビアでは、日本から歌バカが来るというので、通訳するためだけにわざわざ日本から綾子さんという人が来てくれました。

それればかりか、何人ものサポーターが私に付いてくださり、何の憂いもなく、サンタクルスでは思い切り自由に歌いまくりました。

ここだけでなく、さらに飛行機に乗りコチャバンバにまで足を延ばしました。当地では音楽大学の大ホールを貸し切りコンサートが行われました。

約1時間のコンサートでしたが、日本からボリビアの国歌を歌う人が来るということで会場は超満員でした。

コンサートが終了すると、会場のお客さんたちからサインを求められ、もみくちゃになったのです。

サポーターの人たちがガードしてくれ無事楽屋へと戻れたのです。

この感動の嵐は何⁉

今までこんなことがあったか？

こんな事有るはずがない。

奇跡のような体験でした。

わたしは日本では笑われ者でした。

国歌がその国の言語で歌えるということは、半端なく凄い事だとはっきりわかりました。

ボリビア音楽学校

◇ブータンで首相主催のコンサート

ボリビアからペルーに引き返し、荷物を預けていたホテルに行くと日本人らしい若者が沢山いるのです。

話しかけてみると、JICAの派遣でリマにきているという事でした。

私はその若者たちに無理やりペルーの国歌を聴かせました。

そしてもちろん日本の国歌も。すると、彼らは、驚きと感動とで涙を流したのでした。

「私たちはJICAから南アメリカに赴任しています。しかし私たちは一人ではなくグループで動いています。なのに、鶴澤さんは60歳を過ぎて、日の丸を掲げ、危険な南アメリカにまで来て一人で活動をしています。しかも異国の国歌を歌っている。

私たちは鶴澤さんを目標にこれから励んでいきます。今まで会った人の中で一番の驚きと感動をくれました。この出会いは生涯忘れません。ありがとうございます」

代表の若者がこう話してくれました。

いやいや、いろんな出会いが有るもんだと、驚くやら感激するやら。

アンデス山脈

それでは、話は**チリ**に飛びます。

話には聞いていましたが、アンデス山脈のその凄さにただただ驚いた！ ペルーのリマを飛び立ち、太平洋上を飛行するとすぐ左手にアンデス山脈が見えてきます。

飛んで飛んでもアンデス山脈です！ やがてその頂上に雪が見えて来ました。険しさが増し雪が深さを増した頃、飛行機は左に大きく旋回してアンデス山脈の真上に上がりました。

いやー!! 凄いところに来たわ。

顔は窓に張り付きっぱなし、驚きと

感動に目がうるうるとなりました。そして飛行機は右旋回すると降下を始めました。見えてきたのがチリのサンチャゴの街でした。

フライト時間は、リマから約6時間弱位いかなぁ？　機内食がとてもおいしかった。

さらにブラジル、イギリス、ネパールへと旅は続きました。

いよいよあのヒマラヤのある、

ネパールです。

空港には、つね子さんがお迎えに来てくれました。

ホテルに着くとお金は払わなくていいですよと彼女が言います。

何故？　と聞くと、

「よくネパールに来てくださいました。鶴澤さんの話をすると、ラ

ネパールでも歓迎される

イオンズクラブやロータリークラブの人たちが、喜んで各自が持っているホテルとかレストランを無料で貸してくださいました。どうぞご自由にお使い下さい。お腹が空いたらいつでも、日本レストランで食事をして下さい」と話されました。

初対面ですよ…！　さっき会ったばかりですよ…！

頭がついて行けず、「なんだこれは⁉」

まるで、キツネにつままれたようで、ただぽかんとするばかりでした。

つね子さんもコーラスをする人で、特に声楽の事は分かっているつもりであったらしいのですが、私の歌声を聴いて、

「な、なんだ⁉　この人の声、歌は？　こんなの聴いた事がない」

歌っている私の視界の先に驚いた表情のつね子さんがいました。

じつは、ネパールの国歌はつい近年になって変わり、国民の殆どが歌えないという事情があるようです。子供たちは今学校で練習しているところです。

なのに、日本から来たこの歌バカおばさんが、正確な発音で国歌を歌ってしまったのです。全員固まりました…。こんな感じて1週間カトマンズを歌い歩かせて頂きました。

そのたびに、何度も何度も、次はいつ来られますか？　の質問の連続でした。

さあ！　いよいよ憧れの**ブータン**です。

ブータンは山に囲まれた国ですね。ガンジス川からの豊富な水を水力発電に活用して、この国は話に聞いた通りとても豊かです。

税金なし、公共の施設は無料。とても他の国では考えられません。

ここでも空港にはお迎えが来ていました。空を見上げると雲が掴めるくらい近くにあり嬉しかった。それくらい標高が高いのですが…、歌バカはそんな事は全く知らなかったのです。

ブータンでのコンサートは1回だけです。

とても小さい国で日本から来た私には特別に敬意を払って下さったようです。

そういえば、1週間前には皇室の眞子さまが来ておられました。その時の感動が続いており、歓迎のため用意してくださったコンサート会場に私は戸惑うことになったのです。

翌日のお昼過ぎに会場に行くと、大きな看板が目に入りました。

取材の人たちがうろうろしていました。

「今日は何がありますか？」と通訳さんに聞くと、

「鶴澤さんのコンサートがあります」

…へえー⁉　私のですか？　そのあとの言葉にまた驚いた。

今日は首相主催のコンサートです。後ほど通訳とテレビ局が取材に来ますから少し貴賓室でお待ち下さいと言われました。

しばらくして、通訳の美しい日本人の方が

ブータンのコンサート

ブータン首相から感謝状

来られたので、つい「何処でお仕事されていますか?」とお聞きしました。

「ブータン政府で通訳として働いています」

「なる程、それで民族衣装を着ているのね」

「はい! そうです。今日は首相主催の鶴澤さんのコンサートですから、ロイヤルファミリーも大勢来られます。後でテレビの取材がありますから、私が通訳します。

あ! そうそう先週は眞子さまが来られ私もお会いして、お話ししました」

感心しながら聞いていたのですが、首相主催、ロイヤルファミリーが気になった。

実は日本を出発する時、覚えて来たブータ

ン国歌は、あれ以来約4カ月も練習していない状態だったのです。

歌詞間違えるかも知れない?! どうしよう!!

長い歌生活の中でこれ程冷や汗を流し焦った事はありません。もう追い込まれてしまいました。

その上リハーサルで始めて気付いたのです。

ブータンは標高が高い。2300m!

どうりで息が切れる。その上冷や汗が流れる。


こりゃいかん! ボリビアと同じや? コチャバンバは2500mあった。

高山病になると言う事で高山病の薬を飲んだにも関わらず息が続かず苦労をした。

そして汗が滝のように流れた。


ブータンも同じだった。益々追い込まれ、あとは歌詞だけは間違えないようにしないと日本の恥。

誰にも気付かれないようにロイヤルボックスに入り、隠れるように国歌を覚え直した。

焦りが伴い覚えても覚えても間違う。
エィ‼　こうなれば開き直って神頼みしかない！　お天道さんにお願いしまくった。

今考えてもぞーっとする。酸素が足りないという事は、汗が滝のように流れ、脱水を引き起こす可能性がある。

舞台の前には1リッターのペットボトルが6本も並んでいました。

何があっても、もうやるしかない‼　やればどうにかなる。

腹を決めて歌い出したのですが、息がいつものように入らない。

肺が膨れないのか何なのか⁉

苦しい…。1曲歌い終えてから説明させてもらいました。

「プータンは日本人からすると標高が高く、息が上手く吸えないようです。でもこの環境の中で、持てる力を充分発揮出来るよう努力します」

通訳さんが私の顔を見て驚いたと話しました。

「汗がダラダラと落ちている。少し心配です。しかし大丈夫です。ボリビアでも大丈夫でした」と私は安心させ、ブータンの国歌を歌い切ったのです。

大歓声です。携帯でビデオを撮っていた人が思わず拍手をしてしまい、携帯を落としてもなお歓声を上げていました。

このステージで1時間、自分と戦いながら歌い切ったのでした。

その時どんな感じ？　と聞かれたら、金魚鉢にいる酸素不足の金魚かなぁ…？

アップアップしながらも歌い切った。全身まるで夕立にあったようにびしょ濡れでした。

そうこうするうちに、いきなりブータンの首相が舞台に現れ、

「貴女のブータン国歌を聞いて龍が天に舞い上がるのを見ました。いまここにいる全員が赤い涙をながしました（赤い涙とは、最高に感動したときの涙です）」

と話されたのです。会場は、また一段と大きな拍手で包まれました。

席を立つ人は誰もいず、しばらくの間会場の皆さんは座っていてくれました。

ありがとう！　ありがとうございます！

ブータンの国歌は「雷竜の王国」と言います。

感動の中ブータンに別れを告げ、ネパールに戻り2カ所で歌いました。

そして、その日の夜に**フィリピン**へと旅立ちました。

フィリピンでは、アヤコさんがお迎えに来てくださり、ホテルでお金を払おうとカードを出すと、ここでも、もう支払済になっていました。

そして1週間の滞在費は全て無料でした。

その分しっかり歌おう。命を燃やそう‼


翌朝から走り回りました。小学校を回り、中学校を回り、遠くにある大学まで歌いに行きました。5日目にはバギオに行きました。ここはマニラからおよそ7時間かかります。

朝5時に出発し到着したのがお昼。バギオは、100年の昔マニラから山の向こうへ行くのに、日本人が出稼労働で道を造ったところです。

道が完成してから、日本に帰った人もいればマニラに残った人もいます。


バギオでは日本人とフィリピン人の間で、「日比友好祭」と言う大きなお祭りがあります。

そのお祭りは想像以上に盛大で、来賓としてフィリピン領事、バギオのお偉いさんが勢

フィリピン・バギオ

揃いします。

参加者およそ1000名の夏の祭です。

そこに何故か、私が日本代表として舞台上に座っているのです。

なぜ私がここに座っているのか全く訳が分かりません？

様々な催し物があり、その最後の締めが私の国歌独唱でした。

私が国歌を歌ったらみんなどんな顔するかなあ？　楽しみにして歌いました。

すると歌い終えるや否や、舞台にたくさんの人が殺到したのです。

「いやー、もう話になりません。この難しいフィリピンの国歌をよく歌ってくれました」

「私は貴女と同じ日本人の血を受け継いでいる事に、深く感謝して、貴女を誇りに思います。よくぞフィリピンに来てくださいました。ありがとうございます」

皆さん大喜びです。


有り難いお言葉と共にとても立派な盾を頂きました。

私の２０１７年世界ツアーは終了しました。

訪問先は12カ国・23都市でした。

第3章

驚きと感動に充ち溢れた日本と世界の国歌による交流Ⅱ

◇豪州、ニュージーランド、そしてイースター島へ

そして2018年世界ツアーが今年も始まりました。

今年はもう最初から、あの鳥取で会った紳士にスケジュールを送り、繋いで頂きました。

でもヨーロッパ中が夏休み…。

昨年同様、1週間前まで繋がらないでひやひやした国が2つあったのです。

でもそんなのお構いなしで私は飛んでいたのです。

ストリートライブ

先ずは**オーストラリア**のシドニー。この国はパンフレットも出来上がり、完璧な受け入れ体制がありましたが、出発直前に突然キャンセルとなりました?!
意味不明でしたが、ハーバーでストリートライブしますと言って、元気に出発しました。
経験を積み重ねるとは、不足の事態にいつでも対応出来る強い精神力が養われているので問題なし!!

空港からウーバに乗りホテルまで行き、志ネットワークのセミナーに1日参加して、翌日からは、ホテルからハーバーまで約30分の道のりをあれこれ想像しながら歩いた。

ハーバーとは、あのオペラハウスの有る港です。お祭りのような人で溢れています。見た事のないような大型客船かが停泊しているので覗きにいくと中国人の観光客船。話によると1日置きに同じ様な大型客船が中国から来るとの事。

毎日ハーバーに通っていると良くわかる。ほんまやわ‼

柵で囲まれている港。そこの特に人通りの多い所を選び、歌い始めました。

人が集まるわ集まるわ…。チップ入れを持っていなかったので、かぶっていた帽子を前に置きました。

初日は、あまり入らなかったチップが翌日から入る様になった。後で見てビックリするくらい帽子は重かったのです。

本当はこのハーバーでライブをするにはライセンスが必要でしたが持ってなかった。でも平気で歌っていると、5日目にお巡りさんに捕まりました。

「日本人か？　ライセンスを見せなさい」

「持ってません」

するとお巡さんがこう言いました。

「ここでライブをするなら許可が必要です。でも貴女があまりにも上手だから、私もずーっと聴いていました。ここは人通りが多いので向こうでしなさい。良いですか？」

私は「はい！」と言ってお巡りさんが指差した所に行くと、別のお巡りさんが来ました。同じ様なことを言われ、あっちの方向を指差しました。

「ハイ！」わかりましたと答えましたが、「もう充分ですよ」と声がしたような気がして。帽子を抱えてホテルに戻りお金を数えてみました。

なんと全部合わせて、日本円にしたら5万円程もあったのです。

お巡りさんと観光客の皆さんに感謝しながら、空港でドルに換金しニュージーランドに飛びました。

何が私を助けた？　それは日の丸の旗です。いつもリュックにさしている、この日の丸の旗が危機一髪の所を助けてくれるのです。

ニュージーランド空港にはお約束通り「Ken さん」がお迎えに来てくれました。日本人です。その Ken さん曰く、鶴澤さんを宜しくと頼まれましたがどうしたらいいのか分からず、「まだ予定が少ししか入ってません」と言われました。

私は「大丈夫です。あとは天の計らいにお任せします」と答えました。

翌日、ある教会でコンサートがあり、私が行くともう沢山の人が集まっていました。立派な方ばかりです。私は衣装に着替え、ニュージーランドの国歌を歌いました。

1番はマウリ語、2番は英語。

ニュージーランドではマウリ人も少なくなり、マウリ語であまり国歌を歌わなくなったのに、日本人の私が歌い出したので一同驚きの表情をみせました。

次に、日本の「国歌（君が代）」を歌わせていただきました。

するとハイ！　と大きな声と共に紳士が立ち上がりマウリ語で話し始めました。

5分は喋った、と Ken さんは言いました。後で言われたのですが、その内容が凄すぎて、その場で通訳出来なかった、との事でした。

その後でもう一度、紳士は英語で話してくれました。この紳士の話を正確に鶴澤さんに伝えなければと、Ken さんは後ほどその意味をメールしてくれました。

じつはこの紳士は、マウリでトップのお偉い方で、お名前は「ダニエル牧師」さまでした。Ken さんからのメールの一部をここで紹介します。


先ず「君が代」の事が書いてありました。


――貴女の歌は天から降りて来た声、生きるもの全ての魂を揺さぶり目覚めさせます。君が代は悲壮なメロディーでなく、日本人の奥深い魂を表したものです。

この感嘆を伝えるため、自分の感情を伝えるため、マウリ語で始め話す必要があった、とお話されました。

そしてマウリ最大の教会、オラケイ・タマキエリア・ラタナ教会創始者の事が書かれていました。

予言者、霊的治療者 Tahupotiki Wiremu Ratana が１９２４年の世界ツアーで日本に訪

ダニエル牧師と

問した際、当時の大正天皇に呼ばれ皇室に行かれ特別な予言を伝えたとありました。

その予言とは、「生きた神を自称されておられるが、2つの光（原爆を象徴）を貴方の頭上で見ることになり、その神格が取り去られる日が訪れるで有ろう。

ラタナ預言者は日本の信望者であった事から、その予言で特に非難はありませんでした。

ここまでは、文献に出ていますが、その牧師により病弱であった当時の皇太子（昭和天皇）に霊的治療を施し、命を助けたとダニエル牧師は言われました。

このダニエル牧師は、非常に忙しい方なのですが、今回わざわざ日本から「平和の大使」としてニュージーランドに鶴澤美枝子が来られると聞き、何事も差し置いて今日ここに来られたと言っておりました」

このようなストリーが、日本とニュージーランドとの間にあったことをお知らせします。

――

「君が代」を歌いこんな話をニュージーランドで、しかもマウリ族のトップが訪れこんな話をしてくださるとは、信じられない！

行くぞ！　**イースター島**へ。ニュージーランドからは遠いよ！　10時間程飛行機に乗り、チリ空港に降り立つと、幸子さんがお迎えに来てくれていました。

サンチャゴで2泊して歌い、翌日朝早くイースター島に向かう。

早く言えば2日がかり、1日では同じ太平洋上にある島でも行けないのです。

イースター島は、全周60キロ、北海道の利尻島とほぼ同じ。

大型ジェットで行くには少し着陸が怖い。ドスンと降りたらすぐそこが太平洋。

ギリギリに止まる。窓際に座っていたから、ひやっ！　としました。

大型ジェットが利用する空港とは思えない、可愛いかわいい空港です。

外に出てびっくりした!!　私たち3人（チリから同行した通訳2人）を迎えてくれ、知らない人がいきなりキスをしてレイを掛けてくれました。

この時の驚きの表情が写真にあります。

私はイースター島で何がしたいかと言いますと、あの海岸沿いに並ぶモアイ像の前で、チリと日本の国歌を捧げたかったのです。

ただし、この夢は大き過ぎて不可能だと思っていました。

到着した翌日、イースター島の知事に会いに行きました。パパヌイ族のモデルのように美しい女性でした。


知事は既に私が何をしに来たかを知っており、通訳がモアイ像の前で両国の国歌をご奉唱したいので許可お願いしますと話しました。

知事はとても厳しい表情で、ノン！　と言われました。

その後パパヌイ族の人から説明を受けると、知事はそれなら条件があります。

「決して騒がない事。客を連れて行かない事」

そして更にこう言われました。

「前例がありませんので笛や太鼓を持ってこられても困ります。其れをご承知の上でお願いします」


15体のモアイ像は、日本の香川県のタダノさんが、およそ20年前に大型クレーンを日本から持って行き、倒れているモアイ像を海岸沿いに運んだのです。

モアイ像は、イースター島と天とをつなぐ護り神となり再び息を吹き返したのです。

この島の人たちのタダノさんに対する感謝は半端なく、貧しかったイースター島がモアイ像の復活により、毎日大型ジェットが飛んでくるようになり、島は豊かになった。

島に富をもたらしてくれたそうです。


海外から来る観光客のほとんどが、豊かな白人である事も確かでしょう。

その観光客の人たちが、「日本タダノ」と口にしているのも確かです。

私はその先人の功績により、不可能中の不可能と思われた、モアイ像の前で歌えるフリーパス、許可を貰えたのです。

その時のチームモアイの皆さんの喜びようは半端ではなかった！

イースター島の7月は日本と同じ雨季でした。

しかも冬で毎日の様に季節風が吹く、特に海岸沿いは凄い。

私が歌った日は1日目は穏やかでしたが、2日目は特に風が強く、立って居られないほど強く吹いていました。

チームイースター島の皆さんは2回とも同行して下さり歌ったのです。

これはパパヌイの長老から頂いた言葉です。

「倒れたモアイ像を元の姿にもどしくれたのが、日本人のタダノ。

そして再び日本から歌姫がモアイ像の前に立ち、ご先祖さまに国歌を歌ってくれた。

イースター島のモアイ像

日本人とはなんと優しく勇敢で誇り高い民族なのでしょう。

私たちパパヌイはこの歌姫を皆で歓迎する。

空から降りてきた一人の日本女性は、先祖の霊を再びモアイ像に吹き込んだ」


こうして歌い歩いたイースター島での活動でしたが、その費用の全てが、パパヌイ族並びにイースター島民のご厚意により、チリから同行した3人分全てが無料でした。

日本人がこれまで成し遂げてきた事の偉大さを知るイースター島でした。

◇ブラジルの世界遺産カテドラルで歌う

さあいよいよ3度目の**ブラジル**です。

知り合いもたくさん増え、今年も3週間滞在しました。

サンパウロでも沢山の感動がありましたが、バイヤ州では格別な感動があったのです。

バイヤ州はブラジリア州から車で約7時間ですが、途中で一泊してからバイヤ州に向かいました。

半年も雨が降ってないので、途中の草原は彼方此方で燃えさかっていました。自然発火もありますが、いちばん多いのがタバコの吸い殻捨ての発火だそうです。

「あれ消さなくていいのですか?」と聞くと、「あ! あれ? ほっとけば自然に消えます」とかるい返事に驚く、ほっとけば消えるんだ…!?

バイヤ州 綿の収穫

バイヤ州にお昼前に着きましたが、今夜の日伯110周年記念行事が私のコンサートでした。ここバイヤ州も半年以上雨が降らず、湿度が20パーセント未満。洗濯ものはよく乾いていいかも知れませんが、日本から来た私はマスクをしていても喉がカラカラになり、とても歌える状態ではありませんでした。

ここで歌うのは厳しいぞ!

と思いつつ会場に向かいました。着物を着て欲しいと言われましたが、この状態で歌うのに着物を着ては難しいと話し、ドレスを着て歌いました。

1、2曲までは何ともなかったのですが、3曲目の「君が代」の途中でとんでもないことが起こったのです。乾燥のため、息をする度に喉がカラカラになり、咳き込んでしまいました。それも普通の咳ではなく、涙は出るは鼻は出るは、とても立っていられない状態でした。

通訳の鈴木さんにお願いして、「5分話をしていて下さい。咳を止めますから」と話し退場したが、もう歌うどころの騒ぎではありません！

しかし、どんな状況でも、常に戦うのはいつも私、自分自身しかいません。

「何があっても諦めません」と言っていたのに、このまま終わりにしたら日本の恥になるし嘘つきになる。

何がなんで歌わないかん!!　5分きっかりで舞台に上がりました。会場では大拍手が起こりました。私は、故郷から歌い始めた。もう破れかぶれ。これ以上破れるならもっとやぶれてみろ！　と、一世一代の馬鹿を演じたのです。

歌いだすと嘘のように声がいくらでも出るのです。

私は決して逃げない、自分と戦うと言い続けている、私の姿を日系人やブラジルの人たちに見て欲しかったのです。

声はいくらでも出てきます。きっとあの飴が良かったんだわ！ と思い、にっこり微笑んだのです。


全ての曲を歌い終わってから挨拶をすると、会場からこんな声があがりました。

「こんな凄い歌はいくらお金を出しても聞けない。明日14時から裁判所で歌って下さい。裁判は毎日あるが貴女は明日しかいません。裁判は延期すれば良いんです」

その人は裁判官でした。本当に翌日裁判所で歌うことになりました。

「時間はどのくらいですか？」と聞くと、

「何時間でもいいです。貴女の話と歌をたくさん聞きたいです」

私は、「諦めないとこんなことが起こるんだ」と感動しました、裁判所では、１時間半かけて10曲を歌い何事もなく終わりました。

バイヤ州の裁判所にて

心配したのは通訳の鈴木さんです。昨日の事態を思い出しはらはらしたそうです。

歌い終えると村田さんが、「来年も来てください。10000人集めますから必ず来てくださいよ！」と言ってくれました。

昨日あんな事があったのに皆さん喜んでくれた。最高に幸せでした。

ブラジルの日系人の多くが日本に出稼ぎに来た経験があります。そして辛い思いをしたのです。何故かと言うと、顔は日本人なのに日本語が喋れません。だから重労働などの辛い仕事をさせられたり虐められもした、と彼らは話してくれました。

それなのになぜ私に親切にしてくれるのですか？　と聞くと、貴女は他の日本人とは違う。貴女は我々日系人の誇りです。

遠い日本からわざわざこんな所まで来てくれ、何があっても負けない、自分に打ち勝つ姿を見せてくれました。夢は掴めると教えてくれました。

来年もきっと来てください。待っています。

ブラジリア州に戻ると、鈴木さんがこんな事を言い出しました。明日の朝世界遺産のカテドラルに行きましょう。そこで歌えるよう交渉するのです。

と言って本当に行ってしまったのです。

秘書の方に偶然会う事が出来たのですが、「このカテドラルで歌うにはパードレの許可が絶対です。明日朝8時に来られますから、朝来てみてください」と言われました。

翌朝、二人で待ち伏せしました。しばらくするとパードレが私の横を通り過ぎました。すると秘書が「行け！」の合図を出したのです。すぐにパードレの部屋に行きました。パードレは一瞬、ミサの前の大切な時間に一体何をしに来たかと顔が強張りました。

しかし鈴木さんは、勇敢にもそのパードレにむかって、日本から来た鶴澤さんにアヴェマリアをミサの後歌わせてくださいと、話したのです。

するとパードレの顔は一段と強張り、ノン‼　と一言ありました。でもすぐ振り返り、私の方に向かって右手を差し出し、

「貴方たちには特別なものを感じます。ミサの後私から美枝子さんの話をしますから、詳しい事を書いてください」と言われました。

ミサの後に、約束通り私の話をしてくださり、私はその巨大な教会でマスカーニのアヴェマリアを歌うことになったのです。

Mieko Tsurusawaと読み上げてくださり、私は赤い絨毯を歩き祭壇の前で正座をして深々と一礼をしました。そして立ち上がる際にパードレのお顔を見ると深く頭を下げてくださったのです。

私は歌い始めました。後で、携帯で撮ったビデオを見るとまるで映画のワンシーンのように撮れていました。人々の驚きはもう書く必要もないでしょう。

3度目のブラジルでは山のように感動がありました。

◇メキシコで慰霊祭100周年先祖の魂を歌う

さあ！　つぎは**メキシコ**です。皆さんは、メキシコシティが標高2300mもありご飯が炊けない、走ると高山病になる、と知ってましたか？

私はこの地で歌うまで全く知らなかったのです。やっぱりバカでした。歌い出すと目眩《めまい》がするんです。そして喉がカラカラになり汗がダラダラ流れます。

５００ccの水を2曲歌うまでに飲み干しました。お客さんに、どうもおかしい、標高が高いような気がしますと話すと、２３００ｍありますと言われました。

やっぱりねー、と思いました。お客さんには、このままでは歌えないので、水をくださいと思わず言いました。

何人ものお客さんが、ベットボトルを持って来てくれて良かったのですが、私はこれで3回目の酸素不足です。いかにバカか分かるでしょう。


なんの予習もしないで飛んで行ってこうなるのです。しかし、普通なら標高が高いと知った時点で歌うのはパスするでしょうね。バカで知らないから何度も行けたのです。

そしていつもながら、金魚鉢のアップアップ金魚になりながら歌ったのです。

ほんとうに、いつも危険と向き合いながら旅をしているのです。

さて、メキシコシティには「日墨協会」があります。私がメキシコシティに行ったのが

8月13日でお盆のお中日を挟んででした。そこで、この日墨協会から、
「13日の盆のお中日に、日墨慰霊祭百周年の法要が有るので、そこで懐かしい故郷の歌を歌ってください」
と依頼があり出かけました。

祭壇の上には、野口英世博士をはじめとして、メキシコシティに貢献された故人の名前がずらりと漢字で書いてありました。

法要も終わり私が歌う番となりました。

故郷、埴生の宿、そして、坂の上の雲の曲を順番に歌い出すと、そのお名前を書いた大きな紙が揺れ始めたそうです。曲が進むに連れそのうねりは大きくなり歌い終えるとぴたりと止まったそうです。

私はこの様子を見るどころではなかったのですが、あちらこちらですすり泣く声が聞こえます。坂の上の雲の曲では一段と泣き声がたかまりました。

日墨慰霊祭

その訳は、自分たちのご先祖様はこのメキシコを夢の地だと聞きやってきたが、全くそうではなかったのです。そんな苦労に苦労を重ねたご先祖様や両親を思い出されて感極まりもう殆どの人が泣いてしまったのです。

私はそんな様子を歌いながら見ていたので、標高の高さなど忘れて歌うことが出来たのです。歌い終えると、メキシコシティから合流した大学生の桃ちゃん、そして通訳さんが私の所に駆けつけてこう言いました。

「美枝子さんが歌い出すと、あの大きな白い紙が大きく揺れた。みんな見ていた。不思議な不思議な体験を美枝子さんの歌で経験しました」

日墨協会からは、私がイギリスに向けて飛び立った頃こんなメールが来ました。

「この度はご無理を申しあげたにも拘らず、鶴澤先生にはご快諾頂きありがとうございました。当日は盆法要を開催し、その後で歌をご披露いただきましたが、先生の迫力、歌唱力、そして、日本への郷愁を駆り立てる懐かしの歌声に、感涙された方は私一人ではございませんでした。その後協会理事一行との昼食会では、来年はメキシコオペラ演奏会開催を望む声が大でした。

是非とも実現したい思いです。先生はご多忙の日々をお過ごしでしょうが、来年のスケジュールが決まりましたらお知らせください。以下省略」

標高が高かった。歌うのが辛かった。しかし文字通り、喉元過ぎれば熱さを忘れてしまう歌バカです。私の自信は益々深まっていったのです。

◇デンマークでストリートライブ、老人ホームでも大反響

メキシコシティからロンドン経由でデンマークに飛びました。

到着しても、歌う予定の場所が相次いでキャンセルとなりました。そこで、ストリートライブをしようと街の中心に出かけました。

案内して下さる五十嵐さんご夫妻とデンマーク人トーマスさん、そして私の4人でさっそうと出かけましたが、ここは真夏になると世界中から避暑に来る人たちで街は溢れ、歩くのもままならなかったのです。

デンマークでストリートライブ

特に今年の8月、デンマークは100年に1度と言われる猛暑で、街は30度を超える暑さとなり、人々は「ギブアップ」と言いながら歩くほどでした。

その猛暑の名残があり、本当に昼間は暑く、私たちは日影を探しながら歩きました。

商店街の中心まで歩くと、日陰となった丁度いい場所があったのでそこで歌うことにしました。私が歌い始めると、その声量に先ず驚いたのが同行した3人でした。

特にトーマスさんはまず驚き、次に喜んでくれました。場所を移し歌い出すと、いきなり目の前の店から店主が現れ、何やら叫びながらスピーカーのスイッチをきったのです。鬼のような顔をしていました。

皆んな、ストリートライブしているじゃん！　なんで私はいけないの？

すると五十嵐さんが、美枝子さんの声は半端じゃない、特別響き渡るから場所を変えましょうと言うのです。

それからまた4回、叱られながらもチャレンジしました。でも自分の前に置いていた帽子にはチップが沢山入っていました。

私はまだデンマークのお金を持っていなかったので、丁度良い小遣い銭となり助かりました。


翌日は、老人ホームに行く予定でしたが、そこでは歌う前に注意を受けました。

痴呆が進んでいる人もいるから話はしても通じないと思います、と言われましたが、いつも通りお話をして、それから歌いました。

するとだんだんと、まるで目が覚めたように皆さんの目が輝き出したのです。体を左右に揺らす人や立ち上がり踊る人もいました。

デンマークの老人ホーム

五十嵐さんがデンマーク語で通訳してくださり、私が67歳だと分かった時の皆さんの驚きはまた半端なかった！　わぁー！

歓声が上がり、信じられない！　という反響です。その様子を見た介護士さんたちも、入所者さんたちの様子に驚きました。

「信じられない！　痴呆が進んでいるというよりも、刺激がない日常生活を送っていて、生きる意欲がなくなっているだけだわ！　鶴澤さん凄い！」と称賛されました。

歌う場所はあまりなかったのですが、中休みにちょうど良いということで、電車に乗りバルト海に面するヘルシンゲアに向かい、ハムレットの舞台であるクロンボー城に行きました。

対岸に見えるのは、ノルウェー、スウェーデンで、フェリーに乗れば30分で簡単に行けるそうで、早く知っていたら行けたのにと本当に残念でした。

翌日五十嵐さんが、あの日露戦争でバルチック艦隊が通ったバルト海に連れて行ってくれることになりました。この海を渡ってバルチック艦隊は日本をめざしたと聞いた途端に日本人の血が騒いだ！

美枝子さんの、あの「坂の上の雲」を聴いて私も血が騒いだので連れて来た、と話してくれました。

ある教会でコンサートがあり10カ国以上の国の代表が参加していました。

あとで五十嵐さんが教えてくれました。

「皆さんオペラに詳しい人ばかりですから美枝子さんのことは、それぞれの国に持ち帰り話してくれます。きっとオリンピックで歌えますよ」

デンマーク人は物静かな人が多く、日本人と良く似ているところがあります、とは五十嵐さんの話。

イギリスに行く夜、奥さんがちらし寿司を作ってくれました。実は、私はデンマークの食事が食べられず体が悲鳴を上げていたのです。

ちらし寿司の美味しさと奥さんのお気持ちが嬉しく、涙を溢れさせながら何杯もお代わりをし、次の国に行く力が湧いて来たのでした。

◇コンゴ出身のパードレとの出会い

そしてまたデンマークからロンドン経由で、つぎは**イタリア**のナポリです。

実はローマに飛んで行ったのですが、お世話になる肝心な人たちがみんな夏休みでいなかったのです。

だからナポリのひとみさんが、わざわざローマまで迎えに来てくれ、3時間程かかるナポリに行ったのです。

この事は、歌バカ本人は全然知らず、何でナポリに行くのか不明でした。

私の旅は、ほとんどが行き当たりばったりですが、行けば凄い事になる、といつも根拠のない自信？　があるので不安は一つもありません。素晴らしい!?

ブラジルのカテドラル大聖堂での私の歌の噂は、既にイタリアまで伝わっていたのです。

あの時の歌を聴いたコンゴ出身のパードレであるアルベルト師が感動して、私を連れてナポリ中を歌い歩いたのです。

そのパードレから質問がありました。

アルベルト司祭と

「貴女は何故、世界の国歌を歌い、世界を旅しているのですか？」

私は答えました。

「その理由は二つあります。その内の一つですが、子供の頃見た東京オリンピックで、エチオピアのアベベ選手がマラソンで金メダルを取りましたが、国旗掲揚では誰もエチオピアの国歌を歌わなかったのです」

あの時のエチオピアの様に、小さな国の選手が金メダルを取ったら、その国の国歌を会場でみんなと一緒に歌いたいのです。

「2020年に開催される東京オリンピックでは、そのために、自己満足にならないようにするために、世界の国歌をその国の人たちに聞いて貰いたいと考え、世界を旅している」

とお話しました。

そうすると、パードレの大きな目から涙が溢れ落ちました。

「パードレは、20年前のコンゴ内戦で家族を目の前で皆殺しにされました。

自分だけ辛うじて逃げることが出来、イタリアから来た最後の救援機に最後の一人として乗れたのです。生き残った人は隣国に逃げましたが、何百キロも歩き続け、喉が渇いて堪らず飲んだ水が汚染されていて、たくさんの人が亡くなりました」

私たち日本人からは、とうてい考えられない経験をされて、神父としての道を選んだそうです。


パードレから皆さんに紹介して下さったお話の一部です。

「美枝子さんは幼い頃歩けなかった。しかし諦めず、自分に勝てば大きな夢でも掴めること。年齢を重ねた今、これまでの豊富な経験を若い人に伝えようとしている」

「美枝子さんはエンターティナーではなく、世界の国歌を歌い続けて、たった一人で世界を旅している。神から授かったその声で平和を祈り歌い続ける。この世界で唯一無二の人です」

パードレは、ご自分の歩いてこられた道と私の道を重ねていらっしゃるのでしょう。

しみじみと、どの会場でも、話し方を変え皆さんに伝えてくださいました。

来年はローマ、バチカンに行きましょうとお別れしました。

翌日パードレはアメリカへ、私はロシアへと向かったのです。

◇何故危険な地まで行くの？

夫の鶴澤に、次は**ロシア**のモスクワに行くと言ったところ、何でわざわざそんな所に行くの！　と脅されました。

あの国でストーリートライブでもしようものなら、「命に関わりますよ!!」と本気で注意されてしまいました。そのモスクワも、夏休み中で先方からは2週間前になってもま具体的な受け入れ話がなかった。

しかし、ネパールでお世話になったつね子さんが探してくれ、手立ては繋がりました。モスクワの空港には「アレキサンダーさん」という方が迎えにきてくれました。

入国は意外に簡単に出来たので不思議なくらい。その理由は8月にあったサッカーワールドカップのお陰だと当地の人は言いました。

宿舎に着くと5人の日本人大学生がいました。私も先方も、お互いに日本人とは知らなかったので大騒ぎになりました。滞在中は英語しか通じないと聞いていたので、私は覚悟していました。

そして迎えてくれた彼女たちもお客さんが来るから、お迎えをしてくださいと言われただけだったのです。

お互いに会った時の驚きったら！

日本人だ！　うっそ！　びっくりした‼　と叫び、抱き合った。

話を聞くと、彼らはバイカルから3日かけて列車でモスクワに今日到着したといいます。

私と学生の桃ちゃんはローマから今日来たばかり。そして、1週間後には其々の国へ散らばっていくのです…、何と言う偶然でしょうか⁉

ロシアの学生たちと

しかも驚きはそれだけじゃなかった。彼女たちはボランティアとして大学を1年休学して、ロシア各地で肉体労働の奉仕をしているのです。

バイカルで道を造る作業を、朝6時から夜11時までしていたと話す顔は、真っ黒の上、顔中蚊に刺されています。さらにすっかり痩せてしまっていたのです。

二人ほど、途中で逃げ出し日本に帰ったとも話していました。しかも彼女たちは、韓国語、英語、ロシア語を話すのです。

そんな優秀な人たちが何でそんな事するの？　と聞いたら、口を揃えて「平和のためです」と答えました。

そして彼らは、私のロシアと日本の両国歌を聴いた時の衝撃を話してくれた。

「本当は辛いです。逃げたいです。でも世界の平和のためになると信じてやっています。今、美枝子さんの国歌を聴いて、何と勇敢な先輩が日本にはいるんだ！　と涙が止まりませんでした。私たちも、辛くなったら美枝子さんを思い出し励みにします。美枝子さんは私たちの希望そして誇りです。ありがとうございます」

私も彼女たちを知って、まだ日本も捨てたもんじゃないと嬉しかった。女性4人に対し男性は1人のみ、いつの時代も女性は強い！

そして憧れの宇宙センターに行った！　ガガーリンの乗った宇宙船と、2匹の犬が乗った宇宙船を見学しました。さらに現在の宇宙船も見学出来ました。

私の頭は最高に興奮した。子供の頃から夢見た宇宙に旅する日がもう近い。私も必ず行けるはず‼

1週間後 この若者たちと別れ、**ジョージア**に向かいました。行くぞーっ！　と飛んだ。が、ここジョージアも、受け入れ先が繋がらないのでストリートライブするしかないと決めましたが、またあの、ネパールのつね子さんが繋げてくれたのでした。

ほんとうに、ありがとうございます！

ジョージアでも、いろいろな場所で、歌いまくり、食べまくり、雄大な自然を満喫しました。

次は、ドーハ経由で**南アフリカ**に行く。遠いぞー！

約24時間、まる1日かかる。飽きるほどの時間を空港で過ごし、やっと飛行機に乗れましたが、ここから約11時間。夜のフライトだから薬を飲み寝る。

夜寝ていないと朝着いたら動かなければならない。この体調管理が必要不可欠なのです。カタールエアーは余程のお金持ちなのか、機内食が凄い。

好きな時に好きなものをオーダーして食べられる。でもこれが問題です。おご馳走に釣られて食べていると、結局体調を崩して時差ボケになる。そこらを上手く計算して飛べるようになったから、世界ツアーが出来るようになったのです。はい！

◇南アフリカで手を差し伸べてくれたN領事

南アフリカのケープタウン空港には、典子さんがお迎えに来てくれました。この人も熱い人なんです。

私のアヴェマリアを既にユーチューブで聞いていて、ぶっ飛んだ‼　と言ってくださり、先ず領事館につれて行ったのです。

例によってアポなしだったが、日本から来たと言ったら、領事にお会いすることが出来ました。そこでも、何故こんな旅をしているのですか？　と聞かれ、その理由をお話ししました。

「日本はとても災害の多い国です。私は長い間幸せに日本に暮らし、60歳になる前から何か日本のお役に立てる事があればしたいと思うようになりました。そこで気付いたのが今までの長い人生で歌ってきたこの歌で何か出来ないか？　との単純発想からでした」

「そんな矢先、日本に災害が次々と起こり、世界から寄せられる寄付金などの救援活動をみて、世界の国歌を歌い世界中にお礼の旅をしよう。そして実際に旅をしてここ南アフリカまで来てしまいました」


私はこんなただの歌バカです。でも領事さんは、私のこんな話をじっと聞いて下さいました。すると、17日のコンサートの話が出て、「それではそこで私が通訳をしましょう」と言ってくださったのです。正直驚きました。そして嬉しかった。

長時間お邪魔をしてしまい、領事館を退出する時に、そこに展示されている赤い素晴らしい打ち掛けが目に入ったのです。

そして思い切って、「あの打ち掛けを着て国歌を歌いたいのですが貸してはいただけませんか」と秘書に話しました。すると、後日オッケーの電話ありました。

なんでも遠慮せずに聞いてみるもんだと内心驚いものです。

当日、本当に領事は打ち掛けを持ってホールに来られました。

南アフリカの国歌は「コサ語、ズル語、ソト語、アフリカーンス語、英語」の5カ国語で歌います。これは非常に難しい。

わざわざ外人が好んで歌うかぁ！　と呆れられたのです。

が、私が南アフリカに来たのは国歌を歌うためです、と言ってこの国の国歌を歌いました。それから、君が代も故郷も、オペラのアリアも。全てを領事さんが通訳して下さりました。領事さんが涙を拭きながら写真を撮っていたそのお姿に感動しました。

「個人で国でも、出来ないような活動をする人は支える」と言ってくださいました。

その後には、サウスアフリカ領事館のフェイスブック号外として、鶴澤美枝子をアップしてくださいました。

こんな事ってあるでしょうか？　私は日本ではただの歌バカなのですが…。

そして、刑務所でも歌う事が出来ました。長く暗い雨漏りのする廊下を行くと突き当た

南アフリカ・ケープタウンにて

りにホールがありました。まだあどけない可愛い少女たち200人ほどが集まっていました。その顔をみて、まずオーホーリーナイトを歌ってあげたかった。歌い出すと皆さん泣き出しました。歌い終えると何人もがハグをしに来ました。

歌の意味を教えてくださいと質問があり、「イエス様のお生まれになられた歌です」と話すと少女たちは頷いていた。そして素直に感情を表現してくれます。

2曲目はサウスアフリカの国歌ですと言うと大歓声が上がりました。歌い出すと、手拍子ありダンスあり、足を鳴らし大喜びです。看守さんが危ないと飛び出てきた程です。

1時間歌いましたが、アンコールがありました。子供たちからは、オーホーリーナイト。看守さんからはサウスアフリカ国歌。オーホーリーナイトでまた泣き。国歌では大合唱となり、みんな踊り出しました、もちろん看守さん3人もです。

始めは怖い顔していた看守さんも、笑顔に変わり、ついには涙を流し大喜びです。

終わりの挨拶に看守長さんからこんな言葉がありました、

「美枝子さんは自らの体験を語り、諦めさえしなければ叶わないものは何もないと話しました。そして、その歌声にも驚かされました。今日この場にいた全ての人に大きな「ゆめ」と「希望」を与えてくれました」

「これからも世界中の人々に夢と希望を与えてください。本当によく南アフリカに来てくださいました。心から感謝します」

通訳の典子さんが、すぐ通訳仕切れません。後でまとめてみますと話してくれました。

残念なことが一つあるとしたら、ここでの写真、ビデオがないことです。

この感動は残念ながら言葉で伝え切れません。本当に残念でなりません。

でも確かに、南アフリカでは感動がいっぱいでした。


1週間活動して、中継地のドーハに戻ります。この時は朝9時のフライトでした。これから11時間かけてドーハに向かうわけです。朝食が出ると、直ぐに機内は暗くなり寝るモードになりました。まだ昼ですから外は明るいですよ。ここで寝たら体調を壊すと考え必死で堪えてドーハに到着しました。

そしてドーハで8時間。寝なくては、と薬を飲んだが寝むれませんでした。

疲れがたまっていたのか、やはり体調をくずしてしまったのです。

◇まだまだ試練は続く

疲れが溜まると誰でも余計なことを考える、私もご多分にもれず、同様でした。

眠れぬ夜を過ごした私は、ほとほと疲れてしまったのか、日本に帰りたくなった。

しかし、日本に帰るチケットを買うだけのお金は持ってない。今持っているチケットをキャンセルしても一銭も戻ってきません。それが世界チケットの仕組みです。

お金のなさを情けないと思ったのも確かです。

すると、「最後まで回ると日本に帰れます」という声が聞こえたような気がしました。

「世界中の国の国歌を天から預かり、歌う事とは一切の妥協を許さない。ここで止めるも最後まで続けるも貴女次第です。ここで天の計画から降りたら、あなたは二度とこの計画に参加出来ません。それをご承知おきください」と言う事でしょう。


これでもか！　これでもか！　との試練は続きます。駄々をこねようが泣こうが一切の妥協は許されない。それが世界の国歌を預かるという意味です。

何が何でも最後までやり抜く。それが天との約束でした。


そして、**バングラデシュ**行きの飛行機に乗りました。フライト時間は4時間半あるから寝られる、と思ったら大間違いでした。

疲れ果てた脳は寝る指令を出すのを忘れた!!

丸2日寝むれないままバングラデシュ、ダッカに着いてしまいました。

そこに居るはずの「岡林さん」がいない！　しかし、〈mineko Turusawa ?〉と書いたプレートを持ってる現地人がいたから聞いてみた。

ほかに、このネームの日本人は誰もいないからそうだ、てな事になり車に乗った。ホテルに着くとまた誰か知らない人が、ようこそいらっしゃいました、と日本語で話しかけてくれました。岡林さんは、どうしたのか聞くとデング熱で入院しています。

でも明日帰ります。明日の朝は6時に迎えに来ます。それでは…。

ホテルに着いたのが20時頃、スーツケースを開き、洋服を片付け時計を見たら22時を過ぎていた。それからシャワーをして何か食べなければと食べていたら、0時近くになっていました。

もう寝なくちゃ！　とベッドに入ったが眠れません。体がクタクタになるとかえって寝られないもの。でも今日から1週間はこのホテルだから、ゆっくりしているわ〜と考えていたらうとうとしたらしい。

朝5時に目覚ましが鳴り起きたら頭がフラフラしている。ほとんど寝てないが、今日は歌い終わったらゆっくり寝られるはず…と思う。よーし！　頑張って行こー！

ロビーに降りるとお迎えが来ていました。

「鶴澤さん荷物はそれだけ？」と聞かれ、

「はいこれだけです、リュック一つです」と答えると、今日から4日間、ここには帰りませんからと言われビックリ⁉　綺麗に片付けたあの荷物はどうする？

もう出発するのにどうする？

ぼんやり、不思議そうな顔していると、待ってますから持ってきてください！

◇まだまだ続くバングラでの活動

えぇー！　目が点になった。およそ60キロの荷物を機嫌よく上手に片付けたのに、衣装だけたたみ、後は何が何だかわからない状態でケースに押し込みました。

私が入れ込んだ国歌を歌う時には必ずや試練が有ります。

こんな感じで始まったバングラデシュ国歌の旅です。岡林さんは高熱にうなされ。私に連絡をするどころの騒ぎではなかったのです。そして私は更に疲れ果てました。

バングラデシュで国歌を始めて歌った時のこと。歌を聴いた人に、これはバングラデッシュの国歌と違うと言われました。

「そんな馬鹿な⁉」

そこで学校では毎朝必ず歌うと言うので、子供たちに歌ってもらいました。聞いてみると本当に違うように聞こえるのです。

何故かと言うとまず伴奏が違う。ふいごを左手で動かし鍵盤アコーディオンを弾く。小さい小さい音です。そして口伝えで歌を教えているのでメロディが正確でないし暗い。

エンジェルスクールの子供たちと

一方、私の伴奏は民族楽器を使ったオーケストラに加えて楽譜通りに正確に歌い、しかもバングラデシュ人が歌っているよりオクターブ高く楽しい、まるで遊園地のメリーゴーランドのように歌う。

何から何まで違い過ぎで、本当に同じ国歌とは思えないのです。

だから何処へ言ってもあっけに取られるし、バングラデシュ人ばかりの所で歌うと、彼らは開いた口が塞がらない状態に。


ところが、ジャパンエンジェルスクールに行った時の事でした。校長先生も教頭先生も日本人でした。

国歌を歌うと皆立ち上がり大拍手です。いつまでも止まない。校長先生の終わりの言葉は、「(日本語で話された) 今日はバングラデシュでは聴く事の出来ない歌を、鶴澤美枝子さんが世界ツアーをしている中、わざわざバングラデシュを選び来てくださいました」

「皆んなよかったね！　今日の事を忘れずに宇宙レベルの夢を持とう！　宇宙レベルの夢を持ち諦めず努力したら、地球一にはなれるでしょう。この言葉を忘れないでください」

校長先生も教頭先生も、私の歌を聴いて日本に帰りたくなったそうです。

バングラデシュでは、いっ時もじっとしていられない、走りまくりの歌の旅でした。

強烈に凄かった!!

そして最期の国**マレーシア**です。ここも「美志子さん親子」が迎えてくれた。

クアラルンプールは空港以外は驚くばかりの進化を遂げていて驚いた！

ホテルは五つ星でも安く、ゴージャスな気分になれました。

疲れ果てた身体にはありがたかった。ごほうびやわ～！

しかし国歌を歌うと言ったらダメ!! と言う人がここにもいました。皆さんいいと言っているのに、ダメだしをしている人の声は大きく、凄い勢いで話しているから、うるさくてたまらなくなり、その方の意見になってしまう。

マレーシアのアンダナ閣下と

どこの国も同じような事がありますね。しかし小学校から大学、いろんな会合から始まりデパートでも歌いまくりました。どこでも、ブラボー、ブラボーの大歓声。

最後の日には、ピースロー

ド3000人の集いに参加し、そのイベントのトップで歌いました。やはり皆んな驚いた。よそを向いてる人までも振り向いた。

歌バカは夢を語りこれが最後と歌いまくったのです。もうこれで悔いなし。お天道さんの言う通り。

最後までやり切ったから明日は日本に帰れる、と感激していたら一人の帽子を被った叔父さんが現れました。そしてこんな事を言うのです。

「貴女の声は力強く私たちに勇気と希望をくれました」

何度も繰り返すのです。そして盾までくれました。誰? この人と思ったら フイリピン大統領特別使節のアンダナ閣下だったのです。

2019年ツアーに向け準備している最中にベトナムから一本のメールが来ました。

12月11日、「ベトナムに来ませんか?」

これだけの至って簡単なメールでした。差出人の名前に記憶がない。吉田と書かれてあっただけです。この時私は、直感ですごい事になると思ったのです。

本来なら2019年のツアーに向け、爪に火をともすような生活をしなければならない。楽譜を作らなければならない。

それなのに、海外になど行っている暇も、お金もないはずでしたが、すぐ返事をしました。「はい！　行きます」


夫の鶴澤は、また美枝子の馬鹿が始まった！　と呆れ顔をしていました。

その時の私の返事が、「とんでもない事が起きる予感がします」と言って、もう夫の鶴澤を相手にしなかったのです。

次の日、吉田さんからメールが来ました。

その内容は、「ベトナム政府と広島商船の調印式での国歌斉唱」でした。

次にきたメールに、やっぱり予感は当たった！　と喜んだのです。

「11日の13時30分に到着のようですが、着いてすぐ歌えますか?」とありました。

返事は、「はい！　勿論」です。

◇ブラジルから始まりベトナムへ

近いようでも結構遠いベトナムでした。高松から関空まで3時間半、それから約5時間のフライト。旅ばかりしていると時間の潰し方が分かっているつもりでも途中で飽きてしまうもの、とにかく長かった。

空港には、吉田さんが来てくださりそのまま1時間走り日本大使館に到着しました。玄関には大使夫人がお迎えくださり、お久しぶりですねと言われ、疲れも吹っ飛びました。

私は大体何処へ行くにも時間だけしか分かっていない。その催しの内容にざっと目を通して衣装を用意する。そしてすぐにも目的地に向かうと言った大雑把な性格をしています。

あれこれ分かり過ぎているとややこしい。

それは過去の経験がそう思わせる、この方が気楽にやれると思っているからです。

衣装に着替えるとすぐセレモニーが始まりました。

叙勲式とは聞いていましたがすごい人でした。

私はそのセレモニーの最初に両国歌を独唱します。

何故こんなことになったかと言いますと、翌日のベトナム政府主催の調印式でやはり両国歌を独唱するためにベトナムに行く事になっていたのです。

この情報が大使館に伝わり、この日も国歌を歌わせて頂く事になりましたが、実はここに至るには次のような事があったのです。


ブラジルコーヒー農園の鈴木功さんが、4年前ブラジル大使館において70カ国の大使が集まる防衛官就任式があった時に、ブラジルと日本の両国歌を歌えるように大使館に掛け合ってくれたのです。その時、私が歌った国歌を大使ご夫妻が覚えていてくださり、鶴澤にご連絡下さったのです。

なんと、あの時、鈴木さんが繋いでくれたブラジル大使が現在のベトナム大使なのです。


セレモニーで歌ったあと、すぐ大使夫人から頂いた言葉。

「素晴らしい！」

この一言が、これから先の活動にどれほどのエネルギーを注入してくれたことでしょう。

私は強運だと、また思ったのです。

ベトナム・広島商船学校の調印式

セレモニー終了後、大使ご夫妻が玄関までお見送りくださいました。

後で吉田さんが、「大使ご夫妻がお見送りされるなんて…凄いですわ！」

ブラジルで大使と引き合わせてくれた鈴木功さんに、この姿を見て欲しかった。

翌日には、広島商船学校と政府の調印式で両国歌を斉唱しました。ベトナムで外人が国歌を歌ったのは初めてと大変話題になったとか…、吉田さんが話してくれました。

調印式の終わりに、感謝状と記念の盾、花束を頂き特別に感謝をいただきました。

この感動は全て、海外に暮らす日本人の熱いエネルギーの賜物です。

ありがとうございます！

2018年も、もうすぐ暮れる。この年最後の国歌斉唱はベトナムでした。

この大きなプレゼントに、いつも応援してくださる皆様方に、只々ありがとうと言うばかりで他に言葉が見つかりません。


やはり「天の計画」は凄い。

20パーセントの喜びが80パーセントの苦しみを超えた瞬間でした。

世界の国歌を歌うのは半端なく苦しいし辛い。でも私はまた一つ階段を上がり来年また世界ツアーをするのです。

思えば何もかも置き、お天道さまの言われる通り素直に日本中を「君が代」を歌い歩いたからこうなったのです。


いつまでもオペラにこだわり同じ歌を歌っていたら、歌うのは上手くなったかもしれませんが、今のような尊い働きは出来なかったはずです。それは間違いありません。

笑われても、変人扱いされても…、ひたすら、日の丸を掲げて、日本中を、国歌を歌い続けたあの日が蘇ります。

母が言った言葉。日本は日の丸の国。そして「君が代」の国だと。

忘れるな！　忘れるな！

最後に、
君が代は、眠れる神の目を覚まし、能（はたらく）く力を授く歌なり。
（その通り！）
有り難い、有り難い。
国歌を歌っていなければ、こんなに尊いお仕事は出来なかったでしょう。
日本人として、この国に生まれた事を、心より感謝いたします。

第4章

マリアカラスの声と奇跡の出会い

◇マリアカラスの声と奇跡の出会い

6歳の頃に「おたふく風邪」に罹りました。この頃、母は働き詰めで、姑が非常に厳しい人で子供が病気になったくらいでは仕事は休めなかった。

熱のある子を近所の駄菓子屋さんの叔母に毎日預けて仕事に行っていたのです。

ある日この叔母が、君ちゃん（母の名）「この子様子がおかしいで！　このままでは危ないんとちがう」と言われて初めて病院に連れて行ったのです。

その時の医者の診断は、重度のおたふく風邪でしばらく様子を見ましょうと言われたくらいでした。およそ60年前の話ですから、こんな症例は町医者では知識がなかったのかも知れません。

その後も高熱は続き、ついには生死の境をさまような容態になり、奇跡的に目を覚ました時には下半身不随となっていました。こうなって初めて事の重大さを町医者も知り、赤十字病院に急遽入院することになったのです。

でもその頃に、私には、布団の周りを腕二本で這いずり回っている記憶があります。

なんで歩けないの？　と思った事も記憶にありますが、不思議に辛くなかったのです。

なぜならいつも母ちゃんがそばにいたからです。

赤十字病院の診断は、おたふく風邪の菌が脊髄に入った「脊髄膜炎」でした。生涯下半身麻痺になる事を覚悟させられました。当然ながら、医者からは、こんなになるまで何で放っていたかと母は責められたに違いありません。


今から60年前の出来事でした。母は病気の知識もお金も持たなかった。

誰もがかかる「おたふく風邪」だと思い姑に逆らう事も出来ず、病気の子供を置いて仕事に出て行ったのです。

今考えると、まるであの「おしん」の世界ではないかと思う時もあります。

70年前、母の嫁いだ先は元庄屋でそんなに貧しくはなかった。なのに何故こんな事に？

それは後になって分かった事ですが、とにかく姑が異常に厳しかったのです。自分が必要でないものには一切お金を使わない主義であったようで、これは私が成長してからわかった事でした。

病院に入院して毎日天井ばかり見る生活を送っていると、想像力は豊かになるものですね。天井に、想像のクレヨンで絵を描く…美味しいパンや飴、そして虹、雲、さらに月のうさぎまで。

想像の翼はだんだん広がり、大きい大きい虹が頭に浮かぶ…、あの虹を渡ればもしかすると月うさぎの所に行けるかも知れない？

虹の始まりを想像の世界で探し旅が出来るようになっていました。こうして、歩けない少女は想像力を豊かにしていったのです。

でも下半身麻痺とは、寝返りも出来ず天井ばかり見ている状態です。でもこの時の苦痛はあまり記憶になく、夕方は病院に来てくれる〝母ちゃん〟に会える大好きな時間でした。母ちゃんが病院に来るのだけを楽しみに、想像の世界で遊んでいたように思います。

ある日いつもの様に一人で想像の世界で遊んでいると、誰か知らない人がベットのそばにやって来て言いました。

「歩けるようになるから練習してごらん」

私は「はい！」と元気よく返事をしました。

その人の顔を見ようともう一度見直すとそこには誰もいませんでした。


しかしこの時の「はい！」が奇跡を生むことになります。

私の祖母の実家には、地獄絵と天国絵が8畳間に大きく描かれていました。そこに連れていかれる度に、「悪いことしたら、約束破ったら、閻魔さんに舌抜かれるよ」と言い聞かされていたのです。

「分かったんな！」「はい！」あの地獄絵は恐ろしかった。

今も見る度に子供の頃の記憶がよみがえり身震いするほどです。その時の祖父母の教育が記憶に焼きつき、「約束は守らんと閻魔さんに舌抜かれる」


ある日、じいちゃんが病院に来て泣いた。

「孫がこんな体になってしまった」

その時のじいちゃんの涙を見て私も泣きました。この時、「必ず歩けるようになってやる！」と思ったのです。

そして始まったのが歩く練習です。母ちゃんと二人三脚の猛訓練が始まったのです。最近になって母にその時の様子を聞きましたが、「さあー忘れたのー」の一点張りで何も語ってくれません。

私も子供を持つ年になり、母の心中を察することが出来るようになって、それ以上は一切聞かないことにしました。

ある時、友人からこんな話を聞きました。

「美枝子を私があの時殺していたかも知れない！」（無知の恐ろしさを反省した母の深い愛から出た言葉でしょう）

とお母さん話しながら泣いてたよ！

「よほど辛かったに違いないよ、よくお祖母さんにいじめられていたからね」

私も病気につては一切触れません、今更聞いても仕方ない事。むしろあの病気があったから、今の私がいると思っているくらいです。

どれくらい辛い訓練をしたのか、実は本人の私はあまり覚えていませんが、とにかく歩けるようになったのです。

そして、逆に小学校の頃の記憶、2年生の終わりくらいからの記憶が鮮明なのです。ある社会のテストで書いたのは名前だけ、何が書いてあるのかわからず0点だった。そう言えば入学式の記憶もない！　写真もない！。一体何年かかったのか？　分からないままです。

でも、幼い頃のこの辛い経験は、この後の人生に力を発揮するようになるのです。

確か9歳か10歳の頃、誰が連れて行ってくれたかも定かではありませんが、オペラと言う凄いものを見たのです。

幕が上がると同時に、私は〝オペラ〟になると決めたのです。

その衝撃は半端じゃなかった。あの病院で見た、天井一杯に描かれた私の夢遊びが現実として目の前に現れたのです。

あれは確か大阪で見たような記憶があるのですが、居ても立ってても居られなくなり、終わるとすぐ汽車に乗り連絡船に乗り家に帰りました。

枇杷を出荷するため袋を外していた母にむかって、私の溢れる想いを語ったのです。

「母ちゃん！　私オペラになるけん!!」

すると母は「オペラ？　とな？　なんなそれは？」とひと言。

地球ほど膨れ上がった私の夢は、一挙に物凄い音を立てて爆発したのです。


それからハンガーストライキを何日もしたし、挙句の果てに、「ごはん食べないかんよ」と言う声がうるさくて、納屋の漬物樽に隠れました。その樽の大きさは梯子をかけて登るほどでした。

暗くなって家族総出で私を探し出しました。

私は、「オペラになると決めた。分かってくれるまでは出ていかん!!」


しかし、痩せ細った小さな子供がそう何日もハンガーストライキが出来るものではない。真夜中まで皆んなが探してくれている途中、ふらふらになり出て行ったのです。

そこで母ちゃんは、「わかった」と言ってくれたのです。

しかし55年以上も昔の話です。この田舎に声楽の先生などいるはずがありません。

16歳の高校生になった私は、教室の片隅にあったレコードが気になり、一番奥にあるレコードを手に取りかけた。

その時聞こえて来た声は、人とは思えない宇宙の彼方から降ってくる声でした。それが〝マリアカラス〟さんだった。

マリアカラスさんの声は、聞いた瞬間に私の身体にすっと入ってきたのです。この瞬間、私はこんな声で歌えるようになりたいと誓ったのです。

家に帰り、プレイヤーとレコードを無理を言って買ってもらった。

その日から、マリアカラスさんのレコードを聴くこと1日8時間、学校8時間、寝る8時間。こんな幸せ三昧の生活を3年続けました。すると不思議に分かってくるものがあります。

それからと言うものは、マリアカラスさんの真似する事毎日8時間。次第に親兄弟からは気狂いと言われるようになったのです。

毎日毎日真似しまくり、誰かに聞いてもらわなければと思い声楽の先生に付きました。

先生は私の声を聞いて、そんな声出していたら喉潰れるよ！　と言い、歌って見せてくれたのですが、まるで違う！　あのカラスさんとは全然違う。

しかし私の目指しているものはオペラ、発音が大事であるから何を言われても言葉を正しく発音するためにこの先生に付いて勉強させて貰った。


仕事をしながらお金を貯めて27歳になった頃、自分を試したくてあるコンクールを受けました。しかし予選落ちでした。

そこで審査委員をしていた先生にレッスンを受けることにしました。

先生曰く、「貴女の声を聞いて凄いと思った。他の人とは全く違う出し方をしていて不思議なものを感じた。しかしコンクールとは自分の教えている生徒を最優先するもので、貴女のように大学も出ていない人がいくら上手でも入賞するのは無理です。一度この先生にレッスン受けてみませんか？」といわれたので受けてみました。

しかし、その時感じたことは、やはりこんなものかぁ！　だった。

それ以降は先生には付かず独学をすることになりました。

これは、お金はかからないが時間がかかる。

ある日イタリアから来日した、「ジーノベーキ」イタリアオペラ界の第一線で活躍していたテノール歌手にレッスンを受けることに。その時に言われた言葉が「イタリアに来ませんか？」でした。

他のレッスン生は、声の出し方が違うと注意をされ、一度で訂正出来なければ「ノン」。

それが例え大学の教授でも容赦ない。最後まで歌える人はいなかった。

その様子を見ていたので、自分もそうではないかと思いつつレッスンを受けました。

ところが私には、「次の曲は？」と聞いてくれ、最後の言葉が「イタリアに来ませんか？」でした。

その時私には子供がいました。この子を置いては、ましてや一人で行くなんて考えられなかったので、イタリア行は断念しました。

しかし得るものは充分に有りました。何処にいても勉強は出来る。この歌い方で、カラスさんのレコードにレッスンして貰いながら自分の思いを貫こうと決心しました。そして自信を持った瞬間でもありました。

それからというもの、呆れる程の練習の甲斐ありどんどん上達していきました。上達するにつれて、周りからは気狂い！　歌馬鹿！。そして、音大も出てない癖によく歌えるわ!!　と言われ続けるようになりました。

第5章

子供たちにオペラの育成をはじめる

◇「オペラバンビーノ」の成功と終焉

福岡に仕事の都合で暮らすようになりました。

30歳をすぎた頃から、子供たちと一緒にオペラがしたいと思うようなりました。募集をすると70人程の子供たち、幼稚園の年長さんから小中学生、そしてサポート役の大人たちがすぐ集まりました。さすが大都会！

2、3年程基礎を勉強し、私も夫鶴澤も舞台の勉強もするようになり、最初に手がけたのが「ミミーみっつ」と言うオペラ曲でした。

子供向けのオペラですが中々の感動ものです。そして直ぐに私がこの作品の虜になってしまったのです。

私は生まれつき大きな事しか考えられない性格であるらしく、これなら福岡公演が3回と島原公演が出来ると思ったのです。

なぜ島原？　ちょうど計画している途中で島原普賢岳の噴火があり多くの人がお亡くなりになり、たくさんの家が火砕流に焼かれ呑み込まれる大災害が起こきました。

テレビでその惨状を見ているだけでも大変なことが直ぐ近くで起こっている、大きな衝

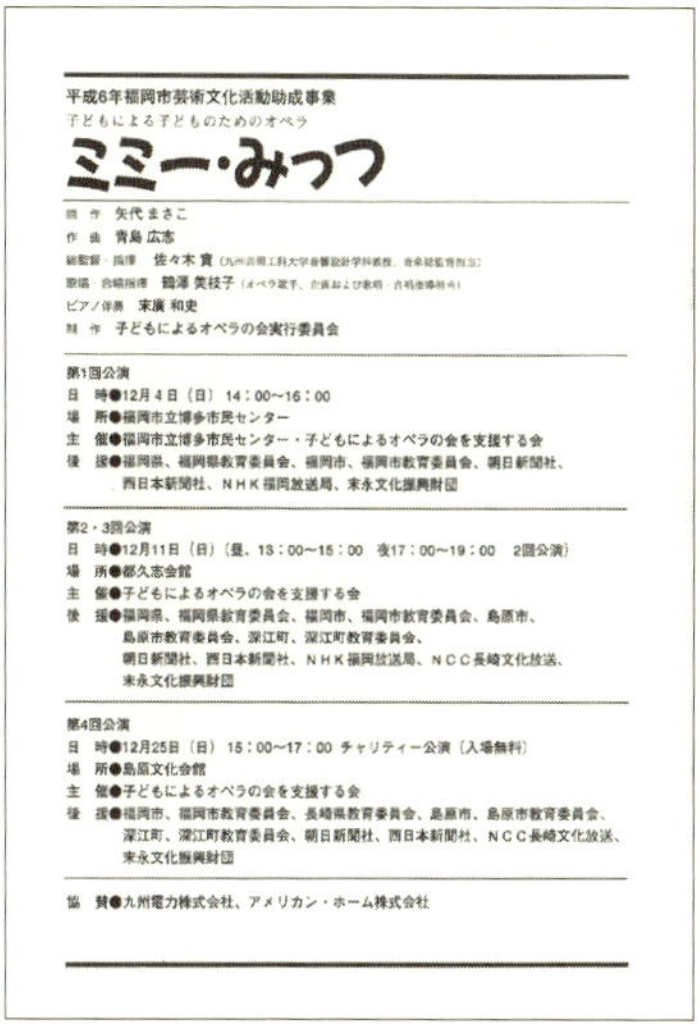

平成6年福岡市芸術文化活動助成事業
子どもによる子どものためのオペラ
ミミー・みっつ

原　作　矢代まさこ
作　曲　青島広志
総監督・指揮　佐々木實
歌唱・合唱指導　鶴澤美枝子
ピアノ伴奏　末廣和史
制　作　子どもによるオペラの会実行委員会

第1回公演
日　時●12月4日（日）14：00〜16：00
場　所●福岡市立博多市民センター
主　催●福岡市立博多市民センター・子どもによるオペラの会を支援する会
後　援●福岡県、福岡県教育委員会、福岡市、福岡市教育委員会、朝日新聞社、西日本新聞社、ＮＨＫ福岡放送局、末永文化振興財団

第2・3回公演
日　時●12月11日（日）（昼、13：00〜15：00　夜17：00〜19：00　2回公演）
場　所●都久志会館
主　催●子どもによるオペラの会を支援する会
後　援●福岡県、福岡県教育委員会、福岡市、福岡市教育委員会、島原市、島原市教育委員会、深江町、深江町教育委員会、朝日新聞社、西日本新聞社、ＮＨＫ福岡放送局、ＮＣＣ長崎文化放送、末永文化振興財団

第4回公演
日　時●12月25日（日）15：00〜17：00 チャリティー公演（入場無料）
場　所●島原文化会館
主　催●子どもによるオペラの会を支援する会
後　援●福岡市、福岡市教育委員会、長崎県教育委員会、島原市、島原市教育委員会、深江町、深江町教育委員会、朝日新聞社、西日本新聞社、ＮＣＣ長崎文化放送、末永文化振興財団

協　賛●九州電力株式会社、アメリカン・ホーム株式会社

1994年 ミミー・みっつ

撃を受けたのです。

この子供のオペラ「ミミーみっつ」は少女と小さな燕が起こした奇跡。「人の為に何が出来るか」を気付かせてくれる愛の物語でした。それを島原の子供たちと共有したかったのです。

子供たちは長い間涙を流し汗を流し猛特訓を重ねてきました。途中でリタイヤする子もなく、子供同士励まし合いながら迎えた公演でした。

700席の会場が2回、800席の会場が1回。そして島原でも1000席の会場全てで満員立ち見が出るほど盛況でした。

4回の公演は大成功しました。せめて島原の子供たちに鉛筆でも送りたいと思っていたのが、子供による「オペラの会」の熱演により、およそ50万円もの義援金を手渡す事が出来たのです。

その後ろには、いつも子供たちを力強くサポートするご父兄の姿がありました。その姿は心強く心から感謝するばかりでした。

この時が親子が、そして仲間たちが、やれば出来る！　という高揚感を共有した時でもありました。もちろん私たち夫婦もそうでした。

この時の総集客数は約４６００人、凄い人でした。

この成功は、やれば出来る！　なんでも出来る！　と思い込んでしまえるほどの達成感と喜びでした。

会の名前を「オペラバンビーノ」と新ため、練習に練習を重ね、大きな舞台から小さな舞台まで、なんでも出来るようにして行ったのです。

この頃になると、子供たちも舞台の袖から客席を覗き、満員だとガッツポーズをする余裕も見せていました。

公演時には、地元の企業ばかりでなく大企業までがスポンサーとなり、儲かりはしないがなんとかやっていける、そのようになって来ました。そんなにスポンサーが付いて、なんで儲からないの？　公演する際には、舞台や衣装に半端なくお金をかけていたのです。

1996年 魔笛

ある時、モーツァルトの「オペラ魔笛」を公演しようと思い楽譜を取り寄せました。すると、大体こうすれば出来ると分かるようになっていたのです。

その頃には夫の鶴澤も、舞台の図面から台本まで書けるようになっていました。私は指導と衣装、もちろん歌手を担当し、大体舞台にかかる大きな経費は二人でこなせるようになっていたのです。

後は音作りと舞台進行にかかる経費です。この経費をスポンサーしてもらうため私は朝から企業を駆け回り、夜は指導者となりがむしゃらに頑張っていました。

子供たちも懸命について来てくれ、先輩の子が後輩の子を指導してくれるまでに成長していました。私と子供たちの間は信頼で結ばれており、少々のアクシデントがあっても誰も負けないほど成長して、子供たちは小さいのに頼もしい限りでありました。

「オペラ魔笛」公演の初演は大成功しました。それからは次第にバージョンアップして、公演回数も増えましたし、丁度バブルの頃でもあり、協賛してくれた企業も半端ではなかったのです。

今考えてみると、個人でするには余りにも大きな事をし過ぎたのではないかと気付くのですが、この時は分からなかったのです。一生懸命だった。ただそれだけだった。


ある日実行委員会がありましたが、私と夫は会の運営が奇妙な方向に向かっている事にこの時初めて気付いたのです。

実行委員会は主に子供たちの父母で結成されていましたが、肩書きの立派な方ばかりで頼り甲斐のある方たちばかりだと信頼していました。

ところが、急速に会が立派になって来ると「オペラバンビーノ」、この可愛らしい会を自分のものにしたくなるのですね。

いつのまにか信頼しきっていた、その実行委員会から、

「鶴澤先生は自分の名誉のため、子供たちを人質に取り、誰も反対出来ない所で好き勝手に会を動かし私物化している」と言われたのです。

私はこの時、その言葉の意味が全く分かりませんでした。

「寝耳に水」とはまさにこの事。まるで異次元の言葉を聞かされているかのようでした。


なんでこんな事を言われるのか？　言われなければならないのか？

一つだけ心当たりがありました。次のような事です。

「段々と公演回数が増えるにあたり、主役を任す子供をダブルキャストにした事があります。病気とか怪我、その他の理由で急に出場出来なくなると公演自体を中止しなければならない。そこで、実力が同じような子供を二人主役として練習をして行きます。

公演を中止すると言う事は今まで頑張って来た事全てがなくなると言う事です。そのための二人主役ですのでご理解して頂きたい」

そう言われたその時には分かっているつもりですが、いざその時が近づいてくると、自分の子供が選ばれない事が納得出来ない。人間とは、どんな場合に関わらず「自分の子供の方か上手な筈」と思い込む。

思うだけなら良いが、その悔しい思いを人に話す。話を聞いた人は初めは同情していても段々面白くなるのか話を大きくして言いふらす。

その人たちにとっては面白いだけだったのかもしれないが、その話が最悪の結果になっても責任はないと思っているから軽い気持ちで言いふらす。

「いつも勝つのは声の大きい方である。子供の想いは関係ないそっちのけである」

こんな事が続くと、1回は聞き流しても、それが2回3回となり、その大人たちの様子を見ていると考えている事が大体の予想はつくものです。

ある日これではいかん！　と思い、私が信頼している大学の教授に4人のお母さんと相談に行ったのです。

そこで言われたのが、「貴女は猪突猛進型で自分が一旦決めたらこうであると突っ走る性格である」

それ以上は話さなかったが、何と私がいちばん頼りにし信頼している教授までが!!　と声も出ないいくらい驚きました。その時一人のお母さんが、

「鶴澤先生はそう思われがちですが、とても優しく思いやりのある方です」と言ってくだ

さったのですが、もう既に、「会は解散する」とこの教授の言葉で決心をしたのです。やはり声の大きい方に全ては傾く。こうなる前に実行委員会から話を聞いていたら、こんな事にならずに済んだかもと思ったりもしましたが、この会に携わるすべての人を信頼しきっていたのです。

悔しさとやるせなさが一気に爆発しました。

一生懸命やれば夢は必ず叶う。しかしその代償も大きい。

1週間後、実行委員会の皆さんにお集まり頂き、「オペラバンビーノは、今日をもって解散します。あとは皆さん方で好きな様に運営活動してください。くれぐれも子供たちを宜しくお願いします」

と言ってその場を去りました。

気がかりだったのは子供たちでした。あんなに信頼してくれ、感動の涙も辛い涙もいつも一緒に流してきた子供たち。私にとっては子供たちは、師弟関係ではなくいつも一緒に挑戦する仲間だったのです。

この夜、夫の胸に飛び込んで涙が枯れるまで泣きました。もう流す涙はなくなった。

一生分の涙は流して、さらりと15年の宝を捨てました。

そして香川に帰ると決心した。

そうこうしていると、知人が来て「子供の指導をある人がしていますが、子供がついてこない！　もう一度ご指導をお願いしたいのですがいかがでしょうか？」との事でした。

「お断りします」と一言だけ言わせて頂き終わりにしました。

ところが、余程困っていたのか、夫の鶴澤の元に電話があり、「鶴澤さんから先生を説得して欲しい」と言ったそうですが、同じく「お断りします」と、夫は電話を置いたと話してくれました。

大人たちの無責任な行動により傷ついたのは子供たちでした。こんなことは二度と繰り返してはいけません。

香川に引越しをする朝。高校生になった由美ちゃんが、登校途中で私の部屋に駆け込んで来ました。

「先生の嘘つき、ずーと一緒に歌うって約束したやろー、嘘つき!!」と言って泣きながら駆け下りて自転車に乗った後ろ姿を見て、枯れたはずの涙が溢れ出ました。

罪な事をしてしまった。申し訳なさにしばらく動けませんでした。

思えばあれから20年の時が流れました。この文章を書きながら改めて夫婦で泣きました。

「光陰矢の如し」

夢はあっという間に流れ去った。

◇私の青春時代は?

大学出てないとは罪なんやろか? と思うくらいバッシングされました。

あまりにも歌いすぎ喉にポリープが出来た…。これは大変な事らしいですが、本人はいたって普通で、「手術すれば治る」

東京にとても良い先生がいて手術をしてもらう。すると1週間もすると前より美しい声が出てきました。あの先生は魔法使いだった! 凄いわ!

誰にも話さなかったはずだが、いつしかこの噂が流れ、

「やっぱりねー、あんな声出していたらなるよねー。もうあの人も終わりやわ!」

と言われていたのです。

なんで私の事なんか皆んな気にするんやろう、関係ないのに…。

私に会いもしないで、私の話を聞きもしないで、人の噂話に花を咲かせて散らしているのです。世間は責任ないからなんでも言える。

しかし思いよう取りようで、「言われているうちが花だ」と思えるようになりました。

幸せやん！　私は！

マリアカラスさんは52歳で星になりました。どんなにかこの世に未練を残したでしょうか？

私は宇宙にいるマリアカラスさんを求め練習をしました。しかしどんなに、空に向かって行っても、遥か宇宙に飛んで行ってしまう。

なんと偉大な人を求めているのか、その時点で分からなかった事が練習しまくる事でだんだん分かって来るのです。

難しいから面白い。この素晴らしい人生に乾杯‼

私の青春時代はマリアカラスさん一色だった。

第6章

「魂の叫び」三尺玉花火を上げる

◇魂の叫び！　三尺玉花火を打ち上げる

とんでないお宝、野外劇場テアトロンを見つけてしもーたんや。

ここで歌わないかん！　目標1万人。

これくらい気合いはいとったら5000人位集まるやろう！　と軽いノリでスタートしたんやけど、ほんまに成功させるためには…??

先ず思いついたんが「三尺玉花火」。そうや、これやこれや。

そやけど、どないしたらええんかいの?!　花火観た事ないし?

ほなけど、私が本腰入れて探したら、すぐおったんや。凄いやろー。

てな訳で、花火は新潟の阿部煙火さんってところにこっしらえてもろうて、打ち上げるんは、徳島の市山煙火さんや。近くの鴨庄漁協の人たちも応援してくれよった。よっしゃー!!　と、勢いよく花火を注文してしもうた。

しやけど、香川県に三尺玉を打ち上げる保安基準がなかったんやの～。

こりゃいかん!!　走り回って半年、何が何でも三尺玉上げるんや。どうにかなるとこまで来よった。もうここまで来てやめるわけにはいかん！
後は県に三尺玉の保安基準こっしやえてもろうて上げるだけや。
ほんで　ドカーン　となったら直径６００ｍや‼　屋島より高こう上がるんや⁉
話を聞きよるうちに、さっぱり分からんようになってしもうた。
こりゃ観ないかん。大きすぎて分からんわー
という訳で、この花火の名前は、宇宙戦艦「大和」やー
皆んなの夢や願い事を七夕の短冊に書いてもろうて、
それを三尺玉に張り付けて打ち上げるんや‼　皆んなの夢や願い事は宇宙まで行くんで！
皆んな観に来な損やでー、日本一の花火やけんのぉ
（「魂の叫び」パンフレットより）

こんな感じで、周囲の人間から見たら、軽い軽い　のりで三尺玉を上げる。
そんな馬鹿なぁ！　出来るわけない！
だが、まだ県からの許可が下りてない。相当手ごわいかも…。

でも、私本人は至って冷静なんです。何故かと言うと、これが日本や香川県を、元気にするに決まっているから！

しかし現実には、道のりは険しかった。会場一杯に人を入れるためには、このテアトロンのアクセスが悪すぎた。

駐車場をセシールさんに借り、そこからシャトルバスを運行させる。約5キロの道ノリをバスの手配をしなければならなかった。

バス会社にすれば、一晩30台ものバスを手配するのだから生半端な事ではすまない。とうてい一社では賄えず、3社ほどからバスを出してもらわないと間に合わないことが分かりました。

さらには、先ず道路を確保する必要があったのです。

何故かと言うと、駐車場からテアトロン迄は狭い一本道で離合することが不可能な道であり、大串半島をくるりと一周しなければ元の駐車場には帰れないのです。

そこで志度警察の道路使用許可並びに協力体制が絶対不可欠となったのです。

ここ香川県では負の遺産になろうとしているテアトロン、ここをどうにかして使えるようにしなければとの強い想いでした。

その一心で志度警察に電話をしました。

「署長さんにご相談したいことがありますので、お会いしたいのですが」

何ですか?「テアトロンの事です」と話すとすんなりアポイントが取れたのです。

後日、志度警察に行くと署長室に案内されました。部屋に入ると、いきなり署長さんが、

「あんた一人で来たんな?!」と大声で聞かれました。

「はい! 私は何処へ行くにも一人で行きます」と答えると、

「へえー。ここへ一人で来る人は殆どいない!」と署長。

さらに「大体、皆が束になって来るんが普通やー」

「私は人に迷惑かけるのがいちばん嫌いで、何処へ行くにも先ず一人で行きます」と答えると、「気に入った!!」と一言。そのあとは、「あんたどこから来たんな」

とか世間話の後になり、

「へえー! 鶴市から来たんな。鶴市にはわしの同級生がおるけどあんた知っとるな?田村と言うんやけど」

「署長さん何年生まれ？」「わしゃ26年や」「その田村は私です」

へえー‼　お互いにビックリです。

「で、なんでテアトロンに用があるんなー？」

またまた話に花が咲き、

「テアトロンでこんなイベントをしたいのですが、どうもあそこを使うのはハードルが高くて、警察の協力がないと使用不可能なようです」と話すと、

「実は志度はあのテアトロンに困っとる。どうにかせないかんが使える人がいない。道は狭いしトイレはないし食べるところはないし、大き過ぎてどうにもならんし」

「無い物づくしで、その上、老朽化していて

テアトロン全景

あれを使える人が先ずおらん。あんた使うのなら協力するで！」

といきなり許可が出たのです。

いちばん厄介だと思っていた警察が、なんと一度足を運んだだけで、オッケーを出してくれたのです。驚くようなご縁があったのです。


署長と同級生であったこと。そして志度警察署長には昔私の叔父がいたこと。

私にとって幸運が重なったのです。運が良かった！

この後は、何処へ行っても志度警察が協力するんならと協力してくれる人がたくさん現れました。運が良かった、私は強運だと思い込んだ。

署長さんと相談しながら事を運んだことで、さらに運が運を呼びバスも確保出来ました。

しかし肝心な事、お客さんを呼ばなければ！

そのためには、「魂を叫ぶ」ことが出来る出演者を探す必要があったのです。

中途半端にやってもお客さんは集まらない。会場が一目で満員に見えるほどのお客さんを導入する必要があったのです。それは、多くの協力者さんに対する私からのせめても感謝の気持ちでした。

私は、三尺玉を打ち上げられることを信じて疑わなかった。

来る日も来る日も出演者を探し歩いた。
出演側にも条件を付けていたのでなかなか難しかった。
先ず運気のある人。今やっていることで世界に出たい人。
いちばん肝心な、集客力のある人。これを条件に掲げ探し歩いたのです。
次にしたことが、人気のB級グルメを探すこと。
テアトロンはあるが、残りの必要なものは、全て主催者側が用意しなければならない。
このためにあちらこちらと奔走したのです。
今考えるとこれも良くやれたとつくづく思う、ありがたい。

◇肝心の三尺玉を上げる許可が出ない

最初に、地元の志度漁協に三尺玉花火の話を持って行った時は、どえらいを反対されました。

三尺玉短冊

「最近魚がいなくなり、生簀でハマチを養殖をしているが、花火の爆音で魚が死んだらどうする。その上、赤潮が発生したらどうする。その時一体誰が責任を取るのか？」

と大声でまくし立てられました。

しかしこのまま下がっては女が廃る。

「それでは一体何をすれば考えてくれますか？」と聞くと、

「先ずは、同じ瀬戸内海で漁業をしている４つの漁業組合から、同意書に印鑑を貰ってくる事、それからまた話しをしよう」

これもなかなか手強い。「まるで二〇三高地だわ！」と本気で思った。

とは言っても、ここが許可を出してくれなければ全ては無で終わります。

毎日が、とにかく何が何でもやらねばならぬ…、の心境でした。

解決しなければならない条件を抱え、解決策を考えながら走り回りました。

だが、これを楽しいと思わなければやってられない。毎日が断崖絶壁でした。

志度漁協から出された条件は、夫の鶴澤が担当する事にして一応私の手から離れる事にしました。

私は、「後はお天道さんに祈るしかない、何が何でもよろしく」と祈った。

4つの漁業組合とは、志度漁協、鴨庄漁協、高松東部漁組、内海町漁協でした。

そのなかで、鴨庄漁協はいち早く同意してくれ、イベントの際に漁協の販売物なども売れば地域活性すると喜んでくれました。


しかし、イベント開催日が近くになると、先に書いたように、ハマチの養殖に悪影響があるとか、赤潮の発生の恐れがあるとか、一部の漁協漁民から反対の声も出ました。

鴨庄漁協の担当者が丸く収めてくれて、漁協との話し合いも一件落着となりました。

驚くほどたくさんの方がこのイベントに関わり、協力して下さいました。

本当にありがとうございました、深く感謝して頭を下げるばかりです。

諦めなければ…。「為せば成る何事も」です。

◇2011年3月11日、東日本大震災が発生

三尺玉花火の打ち上げ…。あとは、お金、そして県の打ち上げ許可書です。

「魂の叫び」イベントの総経費は約1000万円超です。

それを私個人でするには相当の覚悟が必要となります。しかし、あの福岡時代から、この規模の公演を手掛けていたので段取りはよく分かっていました。

その経験が生きて、経費削減の工夫をして印刷物に関しては、版下までは外注せずに鶴澤がつくれるようなっていました。

約100万円かかる印刷物経費を20万円以下に抑え、演出、音作りまでしてしまうようになり、ざっと300万円分くらいは実質賄えるようになっていました。


この時、私を応援してくれていたのが亡き矢野憲作さんでした。

「頑張りなさい。貴女の夢をかなえてください。これチケット代ね」

とその場で小切手を書いて下さったのです。

私たち夫婦の頑張りを見続けていてくださった。この人が居たから頑張れた。

ずーっと応援してくれたから挫けなかった。只々感謝するばかりでした。

そんな最中に、なんとあの東日本大震災が起こりました。

２０１１年3月11日です。

その時はまだ、花火は新潟から徳島に来ていなかったのです。

その時に私の頭の中で閃くことがありました。

ただ三尺花火を打ち上げるだけでなく、この花火に七夕さまの祈りを貼り付けてもらおう、そう思いついたのです。

震災で亡くなられた人々の魂を、宇宙まで花火で打ち上げて貰い、短冊を書いた人の夢を叶えてあげたいと考えました。

短冊を1枚１０００円で販売しました。すると人から人へとこのことが、噂となって流れあっと言う間に花火打ち上げ代金の約２３０万円が集まったのです。

人々の善意に言葉では言い表せない喜びを頂戴し、ますますテアトロン「魂の叫び」に私は集中していったのです。

この時が、計画してから9カ月目の出来事でした。

あとは出演者と綿密に話し合いを進めること、チケットを売ること、そして、なくてはならないのが県の、三尺玉花火打ち上げ許可書でした。

この許可書を貰ってないまま、3月末には、既に三尺玉花火は遠く新潟から徳島の市山煙火さんに届いていたのです。じつは、船舶危険物運送基準というものがあり、多くの聞いたこともない名前の許可書が必要だったのですが、打ち上げ許可を得ることもないまま送ってもらったのです。

そうしないと間に合わなかったのです。その事は県には内緒にしてやってしまいました。何たる大胆不敵!! 実は三尺玉は前年の9月に注文していたのでした。

そんな中でもイベント計画は進んでいきました。

そしていよいよイベント2日前、待ちに待った「香川県保安基準三尺玉打ち上げ許可」だ出されたのです。何と！ 計画をしてから約1年、ほんと手強かった！

今だから言える、許可書を貰うのに時間がかかった理由。

「3月11日東日本大震災が起こり全国でお祭りが自粛されている。こんな時に何でわざわざ三尺玉花火を打ち上げなければならないのか。二尺玉花火ではいけないのか？」

「はい！　今だからこそ三尺玉花火を打ち上げなければならないのです。元気と勇気と夢と希望を香川県から発信しなければならないのです。

他の花火では意味ありません。日本一だからこそ打ち上げる意味があるのです」

と答えました。

あの時、はっきりと自分の想いを語れてよかった。きっと許可が貰えず引き下がっていたら、生涯の悔いを残していた事でしょう。よかった、良かった。7月17日、「魂の叫び」当日がやってきた。

私が父に、三尺玉花火を打ち上げると言ったら父は、

「お前は阿保か‼　三尺玉花火は250キロの爆弾とおんなじやぞ。あの恐ろしいB29が落としていっきよった爆弾と同じでないか」

「阿保もたいがいにせぃ！　雨が降ったらどうするんやー‼」

父の言う通りかも知れない。イベント実行委員の人数は当初30人程いましたが、阿保らしくてやれなかったのか、半年を過ぎる頃には10人程になっていたのです。

大体のところ、「反対する人はお金も出さなければ力も貸さない」は常の事。来るものは拒まず、去る者は決して追わず、です。

こんな時は、いままでの山あり谷ありの長い経験が役に立つものです。人数が減り、少数精鋭になった事が、逆に肩の荷が下りた気分に。むしろ事がスムーズに運ぶようになっていきました。

中でも、明子ちゃんとユカ代ちゃん。この二人が力になってくれました。この二人の協力があったからこそ、晴れの日を迎えられたと言っても決して過言ではありません。

「信頼し合うとは、各人が持っている力を出しきり、その力が合わさり威力が増す事」

私は心から、素晴らしい二人の親友を持っていた事に感謝します。

許可がなかなか出なかった三尺玉花火とは…、

重さ250キロ。打ち上げるのに必要な火薬は60キロ。高さ600メートルまで上り、直径が600メートルの大輪が広がるのです。

想像してみてください。凄いやろ〜〜!!


いよいよ7月17日、「魂の叫び」の当日がやって来ました。

晴天です。梅雨がまだ開けていなかったので天気だけが気がかりでした。

しかし人々の祈りが天に届き、この野外劇場のイベントに相応しいお天気を、「お天道さま」は用意してくれたのです。あとは、全員が持てる力と己を信じ全てを出し切るだけです。


朝からリハーサルをしましたが、梅雨の晴れ間は恐ろしいほど暑いのです。

汗が滝のように全身を流れる…。日陰を探すがテアトロンは巨大過ぎて日陰がない。

みんな頑張れよ!　この日の為に1年かけたんだ。真夏の夜の夢を皆んなで見るんや!!

午後4時を過ぎると続々とお客様が入り出しました。

気持ちが良いくらい人が来る。到着する大型バスは何れも満員だった。

もうワクワクしてたまらんわ〜！

夕暮れ時、6時半。お客さんもB級グルメを充分楽しみ、そろそろ開演です。

さあ!! 始まるぞー

まずは、WAR－ED ロックグループ。

これは凄いぞ！ ギターの YUMETO とドラムの ATSUSI はザード2010周年追悼コンサートで日本武道館にも参加した程の実力者。

警察犬のきな子ちゃんは、お利口さんで全国の警察犬ナンバーワンになる程の人気者。

Sister ＆ ESS は子供ダンスグループ。その実力は日本一、ニューヨークを目指す。

会場はの観客は大喜びです。大歓声です。

鴨川福神太鼓に続き、さぬき中央小学校のお友だちが登場。地元の子供たちのコーラスで会場は更に盛り上がる。テアトロン・オーケストラも良い音出してる。

この劇場には良く似合う。なかなかやわー。

魂の叫び・ポスター

ところで私は、この時まで自分のことはすっかり忘れていました。

私はここで、最後に歌うんだった！

それを忘れて、出演者の頑張りと会場の大歓声に満足しきっていたのです。

鶴澤先生、次の次出番ですよ。早く着替えてください。

よっしゃ　まかしときまい!!

テアトロンプロジェクト

良く考えてみたら私はリハーサルもろくにせず、1年駆けずりまわりこの日を迎えたのでした。天は私に付いていてくれる。

恐れるものはない！

名前を呼ばれ、いつもより堂々と舞台に上がれたように思う。

この劇場は素晴らしい。今この舞台のセンターに立ち、3000人余りのお客さまと共に、60歳の「決して諦めない夢」を見て貰う。

歌っても、歌っても、声は限りなく溢れでる。劇場に助けられ仲間に助けられ、夢に助けられ、今を歌う喜びを、生きる喜びを、全身で伝えました。

歌い終わると大声援が上り、スタンディングオベーションとなった。

やった！　やれたー!!


また、未来に続くエネルギーを貰えた。ありがとう、ありがとうございます。

フィナーレは全員参加のジョイフルジョイフル。

舞台は出演者で溢れます。この世界を目指す若者と共に前田知香さんがソロを歌い、会場は大盛り上がりです。

そして、ついに皆さんお待ちかねの三尺玉花火が打ち上げられる時間となりました。

初めに尺玉が3発、その美しさに見惚れる間もなく、続けて三尺玉があがりました。

テアトロンからは、2キロも離れている海上で、ドッカーンと音がして「大和」は発射しました。宇宙に向かって上がる、上がる、そして爆風で会場が吹っ飛んだ。

その爆風は会場にいた全ての人を同じ方向に圧しました。
「すげー！　すげー！」の声があちらこちらから聞こえ、大声援が湧き上がりました。
先に上がった3発の尺玉は、三尺玉にすっぽりと包まれ、得も言われぬ美しさです。

テアトロンで三尺玉打ち上げ

最後に、この私の夢を買ってくださった矢野憲作さんが舞台に上り、

「未だ見たことのない、想像すら出来ない花火を貴女は観せてくれた。ありがとう、ありがとう。元気を両手に抱えきれない程もらいました。貴女の勇気を誇りに思います」

見事な花火と共に、私たちの夢と希望は「大和」に乗せ宇宙へと発進しました。
生涯忘れる事の出来ない夢を打ち上げました。

舞台に上がったひとが次々舞台を降りるときに、私のもとに白のサムエを着た男性が現れました。

「貴女の夢は花火と共に上り龍神様が宇宙迄届けました。今後、貴女の夢は全て叶います。貴女は信じられないでしょうが。龍神様に届いた証拠に、明日の朝、貴女が目覚めたら大雨が降っているでしょう」と言い立ち去ったのです。

その姿を追いましたが人混みの中に消えてしまいました。変な事を言う人もいるもんだ…、わざわざ言いに来るなんて私より変だわ！　あの人。

と思いましたが、一応鶴澤にこの事を話すと、「雨なんか降るはず有りませんよ！」またおかしな事を言ってと、いつもの様に鶴澤の顔は呆れ顔、私を疑っている顔でした。

ところが翌朝目が覚めるとなんと、大雨です。

「雨や雨です!!」と鶴澤を起こすと直ぐ天気予報を見ました。すると太平洋上の大型台風が高知沖から紀伊半島に上陸する予想だったのが、急に進路を変え四国山脈を越え香川に上陸したのです。

その時の鶴澤の驚きは半端なかったのですが、誰も台風が来るとは思っていなかったので、会場の後始末は翌朝にすれば良いと思っていたのです。

大変！　とばかりに慌てて片付けに行ったのです。間一髪でした。その直後暴風雨となり、少しでも遅れていたら何もかも吹き飛ばされていたはずです。

あのサムエの方は誰だったのでしょう？

香川県は四国山脈に守られ、滅多に台風が直撃することは有りません。私はこの預言者のようなサムエの人の言葉通り、これから不思議な道を歩いて行く事になるのです。

「ほんで最後に私の話しやけど。２０１１年6月19日でやっと60歳になったんや。9歳でオペラを歌う人になると決めたんやけど。「なんでな？」とみんな聞くんや？観たんや、本物のオペラを。凄かったで!!　ほんで15歳でマリアカラスさんのレコードに出会った。次はこの人のような声を出せる人になると決めた。

何で？　決めたらやるだけや!!　そんな訳で45年、こつこつ練習したら誰でもこれくらいにはなれるんや！　を観て欲しいだけ。
私の父ちゃんは怪物、父ちゃんの子供の私も怪物になれるはず‼　夢は世界一、
ストリートライブの女王でもええんや。
世界一や！　遠いぞー、あと60年も練習したらなれるやろ‼
早く歳取って女王になった自分に会ってみたいわー、毎日努力しよんやけど、こ
れだけは無理やのぉ。
私は歌うために人としてこの世に生まれたんや。夢を目標に変え夢をつかむため
の技を身につけようとしよんや。
「テアトロン」はのー、ひとが集まる場所という意味なんや。
7月11日にテアトロンに集まった人は、皆んなが皆んな真夏の夜の夢を見てしま
うラッキーな人や。この日はテアトロンが、人生のテーマパークや。
探すんやおまはんのゆめを。みんな探すんや！
若者はやれば出来る。時代を担ってきた人はのー、人生まだまだこれからや！
諦めたらいかんで。
香川はこの夏、やったら出来るを、宇宙に発信するんや。

これが「魂の叫び」や‼
ほんだら皆んな船にのりまいよ。
あっ！　そのドア開けといて、まだ誰か乗って来るけんの‼」
（「魂の叫び」パンフレットより）

第7章

日本の元気と日本を知る旅

◇歌うのが好きそれだけです。心配無用、大丈夫

55歳なった時の話。

私は夫の鶴澤に、60歳になったら世界で歌いますと断言した。

その時の鶴澤の言葉にがっかりした。「もっと早くなりませんか？」

こんなもの早ければいいてもんじゃない。時と言うものがある。

「機が熟す」という言葉をこの人は知らんのか？　と呆れ果てたのであります。


世界に出る前にしなければならない事があるのです。それは、日本の国歌「君が代」を歌い日本中を歩く事です。

何故か。私の子供の頃は祝日の前になると学校から紅白のお饅頭が配られ、明日は日本のおめでたい日です。国旗を掲げて国歌を歌いましょうと教わった。

素晴らしい国であったはずが、それが自分の子供の世代になると、卒業式で、国歌を、仰げば尊し・蛍の光を、歌わない。何で？

国歌「君が代」を歌わないとは…。ここは日本の国じゃないの？

「仰げば尊し」を歌わないとは、生徒は誰を目標にして学べばいいのか？ 私は一番身近にいた担任の先生を尊敬し、こんな風に大人にも子供にも慕われる人になりたいと思って学校に通っていた。

今の先生方は、自分がそんな子供たちの希望になろうと思い、子供と接し、共に歩み、成長していこうとしていないのだろうか？

「蛍の光」は何を伝えているのか。ご先祖様がこの国を護ってくださったからこそ、私たち現代人は、何の不自由もなく今を生きていられるのでないのか!!

どうしたのかこの国は！　この話を夫に向けると、

「今さら、国歌「君が代」を歌い歩いてどうするのですか？　長い間かけコツコツと練習してきた歌はどうするのですか？」と返されました。

でも私には、意味不明な言葉でありました。日本人じゃないのが私のすぐ隣にいた。これは問題であります。

何でそんな事言うのか聞いてみると、

「自分は学校へ行って、国歌も仰げば尊しも蛍の光も歌った事がありません！　其れは悪い歌だと教えられて来ました」

この夫は私より7歳年下。日本中が日教組被れしていた時代に学校に通っていて、日本は戦争を起こした悪い国だと学校、教師から教えられていたのです。

講堂の舞台真ん中には国旗も掲げていません。

国歌「君が代」の歌詞が書かれてあったプレートは、ご丁寧にもわざわざ外してある。どんな気持ちで外したのだろう？　腹が立って仕方がなかった‼

やるしかない。よし、私が「君が代」を歌い日本中を旅します！

これまでの歌人生。音大を出ていないとバカにされてきましたが、私はこの声を大切に守り育てきました。

練習の量だけは誰にも負けません。それが私の誇りであり自信です。

多くの人は、60歳にもなる人間に一体何が出来るのかと笑いました。なんと、ほとほと呆れ果てる人が多いこの国である事…。

人間60年もの間、一生懸命学び、働き、子育てをして、嬉しい時も辛い時も、家族と共に励ましあってきたからこそ、見えて来る物がたくさんあるのです。

私は、次はこの経験を、次世代に「夢・希望」を伝えたい。

同世代の方には、60歳からこそが人生本番と伝えたいのです。


私は、やっと60歳過ぎた頃から、膝に顔がつくほど頭が下げられるようになったのです。

海外ではぺこぺこし過ぎとよく言われますが、なんてこたぁない、これが日本の文化ですと笑い飛ばします。

何を言われても気にしない。歌バカは歌バカらしく、自分の生き方を貫くだけです。


これが、これまで自分を生かしてくれた日本という国に感謝して、日本中の神社、特に護国神社をご奉唱して歩こうと思い立った理由です。

何故、護国神社なのかはこの時点で全く分かっていませんでした。

「歌いなさい」と聞こえたから「はい！」と返事をしました。約束を破ると閻魔様が舌を抜く。舌を抜かれたら困るから約束を守る。

ただそれだけから始まった…、単純明快なのです。

そして潔ぎよく、生活の糧となる仕事は全て置いてきました。

もう明日からは小遣い銭もなし。

この時、夫の鶴澤は、正直これからの生活はどうなるのか、と案じたそうですが、歌バカは一向に構わないのです。

何故か。「歌うのが好き」それだけです。

やれればどうにかなる。心配無用！　大丈夫。

◇日本中の神社で国歌を歌いたい

と言うわけで始まった神社旅ですが、全く具体的な計画はありませんでした。

私は、江戸時代の人々のように、

「日本人なら一生に一度は参りたいお伊勢さんと金比羅さん」

とばかりに、先ずご挨拶しなければと閃いたのです。

そこでまず、金比羅さんなら琴平にあるぞー！　と何も考えず元気いっぱいに、国歌「君が代」を歌わせてくださいと社務所に行ったのです。

しかし残念ながら相手にして貰えなかった。「何でやろう?」不思議だった。

きっと何処の馬の骨か分からない人間が、いきなりニコニコして国歌を歌わせてくださいと言っても、誰だって困るよね! そりゃそうだわ! と自問自答しました。


いや! しかし、どうしたら金毘羅さんで歌えるのか、あれこれ手掛かりを探し歩いていると、参道にある中野屋さんの社長さんに話したらいいじゃない? という人がいました。よし! その話を真に受けて、「中野うどん学校」と看板が出ている店の中に入りました。「頼もうー! 中野屋さんの社長さんはおいでですかー!」

お店の店員さんはビックリ、背中に大きなリュックを背負った見知らぬおばさんが、ニコニコしながら「頼もうー」ですから、何事ぞ! ではなかったでしょうか?

店員さんも、私の威勢におお慌ての様子でした。

「はい、今日は社長おりますから呼んで来ます。お待ちください」

すると直ぐ、こんな大きなお店の社長さんとも思えぬボロを着た中野さんが現れ「何の用な?」と聞いたのです。

私もボロのジャージ姿、ボロさ対決では負けとらんぞ‼

「実は、金比羅さんで国歌「君が代」を歌わないかんのですが、社務所では相手にしてくれなったので、いろいろな人にこの話をしたら、中野屋さんの社長に話したらいい、と言われたので来ました」

すると、「あんた変わっとるのー」

「はい！　本人は普通だと思っているけど、みんな変わっとると言います」

「変人は皆自分は普通やと言うけど、大体あんたみたいに変わっとるのが多いわ」

そうかなぁ？？

「ところで、あんた歌は歌えるんな？」

「はいもちろん。何なら今直ぐにでも歌えます。聴いてくれますか？」

「ほんなら、歌うてんまい」

はい今直ぐに。この時の中野さんの言葉は、「歌えるもんなら歌ってみろ！」

と聞こえたのです。私は背中からラジカセを下ろし、

「では私の一番好きな歌。オペラ・トゥーランドットより、ネッスンドルマーを歌います」

金比羅さんでのストリートライブ

どうせ歌うなら得意な曲でいざ勝負！　とばかりに歌いました。

私のこの一声だけで、中野社長はビックリ仰天⁉

同時に、あちこちから、私の歌を聴いて人がお店から飛び出してきたのです。

皆、ビックリしたー‼　の一言です。

そうすると、中野さんが「大した度胸やの！　それに歌凄いわ！　どうや！　うちの前のうどん学校が今休んどるからそこで歌いまい」

「2週間くらいならかまんで。よう歌いよったら、金比羅さんでも歌えるようになるかも知れんな？」

そして始まった金比羅さんでのストリートライブ。気持ちよかったですわ！　なんと言っても金比羅さんのご参道です。その上、金比羅歌舞伎が始まるんです。

歌いだすと彼方此方の店から人が飛び出して来た。そりゃ凄い人や！

1日2回、朝昼とライブをしました。

「バケツ置いてもいいですか？」と聞くと、「ええよ」と言われたので、バケツを前に置いて歌いました。

ある日、中野社長は、そのバケツの中を覗きビックリ！

「凄いのー！　1万円が入っとる」


金比羅さんのライブを中4日休み、宮城の震災地を訪ねました。

大津波による被害から1年後の2012年3月の24日。

ここ石巻の惨状を見て愕然としました。まるで、昨年広島で見た原爆資料館の原爆投下直後の写真そのものではありませんか。

声が出なかった。ビルの屋上に車の残骸が乗っている。

そんなのはまだ良いほうでした。さらに先に進むと、ビルの屋上に船が乗っているのです。その周りは何もありません。

その日は、女川町の避難所に行き泊めてもらいそこで歌わせて貰いました。

もちろん、国歌「君が代」、そして「故郷」。あとは何を歌ったのか忘れてしまいました。

避難所の人々が泣いた、泣いた。

そして、代表の方がこんな言葉をくれました。

「私は「君が代」は暗い歌だと思っていました。ところが鶴澤さんの「君が代」は希望や勇気が腹の底から湧いてくる「君が代」でした。

この国の国歌は凄いと考えが変わりました。辛い時もまだまだ有りますが、これから鶴澤さんの「君が代」思い出し、皆んなで歌い力を合わせて女川町を立ち直らせます。ありがとう、ありがとうございます」

代表の方だけではなく沢山の人から同じような言葉をいただきました。

それから、石巻の神社さんで歌い、沢山の被災地で歌いました。そしてまた金比羅さんのご参道に戻って来ました。

歌いだすと、いつもと様子が違います。今まで何かと協力的だった人がよそよそしいのであります。お店の前に人が集まり出した頃、ワゴン車が止まり私の歌を聴かせないようにしたのです。

仕方ない。しかし中野社長には感謝して、最後まで何があってもやらなければ申し訳ないと思って歌っていたら中野社長さんが店から飛び出して来て車をどけてくれたのです。有難い、こんな事までしてくれるなんて！　また明日も元気に歌わなくちゃ！　と感激しました。

ところが翌日、参道に行くとやっぱり様子がおかしいのです。

後で分かった事ですが、お客さんが買い物している時に、あの人が歌いだすと皆んな店から飛び出して見に行ってしまう。

これでは商売にならん！　と言い出したそうです。

その時に、中野社長が皆さんに言ってくれた言葉が「まあ！　見よりまい（見てなさいすごい事になるから）」の一言だったそうです。

世の中には、肝っ玉のでかいお人が居るものだとつくづく思いました。

中野社長と交わした2週間の約束も終えたので、再び金比羅さんの社務所に一人で行きました。

私の奇跡は、再び金毘羅さんから始まったのです。

◇金毘羅さんとお伊勢さんで国歌を歌う

「今日は。鶴澤と申しますが、金比羅さんで国歌や日本の歌を歌いたいのですが、誰かお話が出来る人はいらっしゃいませんか」と話すと、

「お待ちしていました」と言われてビックリ!!

「今日は禰宜の請川がいますから呼びますので少々お待ちください」

と言われてしばらくすると、「お待たせしました此方にどうぞ」と奥に通されました。

今日はどういったご用ですか？　と聞かれましたので、実は私は、

「お天道様から国歌の君が代を金比羅さんで歌いなさいと言われて来ました」

こんな話をしたにもかかわらず、ごく普通の話をしているかの様に対応してくださいました。

そして、金比羅さんのご参道で10日ほど中野社長が「歌うてんまい」と気持ち良く店を貸してくれた事、間に石巻に行った事などなど話しました。

すると、「分かりました。貴方に歌って貰いたいと思います。6月の2日ですがお神楽殿で1時間ほど歌えますか?」…なんだってー!!

「そんな所では勿体なくて歌えません。ご本殿の前の玉砂利の上で結構です」

「そうですか。しかしお神楽殿で用意しますから歌ってください」

私の頭の中は、盆と正月とクリスマスおまけに誕生日まで、一緒に来たかの様な驚きだった。

「凄いわあー!! お天道様ありがとうございます」

こうして、めでたく金毘羅さんでのご奉唱も終え、ご本殿前の階段を5段降りた所で、「次はお伊勢さんへ行きなさい」と聞こえたので、

「はい! 行きます」と答えてしまいました。

金比羅神楽殿にて

次の土曜日、お伊勢さんに一人で行きました。内宮の社務所で係の人を呼んでいただき、「誠に恐れ入りますが、お天道様がお伊勢さんで、国歌（君が代）を歌いなさいと言われました。だから今日香川県から来ました」とお話すると、その返事に驚きました。

「ここは歌う所ではありません。ここで歌われたのは、三波春夫様と村田英雄様だけです」

「それは演歌ですね。私が歌わせて欲しいのは国歌（君が代）です」と話すと、

「ここは国歌（君が代）を歌う場所では有りません！」

「ここで歌ってはいけないのなら、国歌（君が代）は一体どこで歌うのですか？」と尋ねると、

「ここではありません、お伊勢さんは国歌（君が代）を歌う所ではありません」

同じ断るにも、もっと大人らしい断りの言葉があるでしょうと感じました。

ここはだまって引き下がり、次の土曜日、今度は夫を引き連れてお伊勢さんに行きましたが、誰に話しても答えは同じでした。

それなら、本殿前で歌えばいい。国歌（君が代）は「祈り」なのでなんら問題はない。皆さんがお賽銭を投げてお祈りするのと同じで、私は国歌（君が代）を歌い、世界の平和

伊勢神宮にて

を祈れば良いのだ。

先ず下宮で正式参拝を終え、御本殿前で歌うと腹を決め向かったのです。その時、夫の鶴澤に一部始終を録画してくださいと頼んだ。

一礼をして歌い始めると、何処からか警備員さんが飛んで来ました。後ろから「やめさせろー！」と大きな声がする。

知らん顔して歌っているとまた「やめさせろー」やめてたまるか!!　ここでやめたらお天道様に叱られ閻魔様に舌抜かれる。知らん顔して天を見上げ歌うと霧雨が降って来た。「龍神さまがこられた」と身震いがした。

「君が代」は、木々にこだまし宇宙まで届くかのように響いた。

素晴らしかった。お天道様との約束が守れた。充実感に満ち溢れていたのです。

歌い終え、深々と頭お下げ顔を上げると、一人の警備員さんが最敬礼し深々と頭を下げていました。そしてこう言いました。

「ここは歌う所ではありません」

「私はお天道様にお伊勢さんで国歌（君が代）を歌いなさいと言われて来ました。約束を守っただけです」

「それでも歌ってはいけません」

では、「何処で歌えばいいのですか」と聞くと、

「ご参道に入る前の大鳥居の前で歌って下さい」

私はそんな所では歌えない！　との想いで、内宮にむかいました。

そして天照大神様に向かい、

国歌（君が代）を歌いだすと、今度は大雨が降り出しました。

「天は味方している、私は約束を守りました」

ありがとうございます、ありがとうございます。

これは凄い事になるぞ‼　と根拠のない自信がわいてきた。

◇知覧特攻平和会館での国歌斉唱を熱望

ある日のこと、私はぜひ知覧特攻平和会館で歌わないかん、と思い立ち先方に手紙を書きました。しかし返事は来ませんでした。

そこで我慢出来ず、例によって即行動、飛行機で鹿児島に飛びました。空港からバスに揺られ知覧特攻平和会館に着きました。

さっそく係りの方に、御霊様に対し「国歌（君が代）」「海行かば」「故郷」を聴いて頂きたいので歌わせてください、と頼みましたが相手にもしてくれませんでした。

目的が果たせずにとぼとぼと帰りました。更に手紙を書き続けましたが返事はありませんでした。

このままではいかん！　と想い靖国神社に行く事にしたのです。

社務所に赴き、「御霊様にご奉唱させて頂きたい」と話しますと、またまたビックリです。

「ようこそおいでくださいました。鶴澤様がお見えになるのをお待ちしていました」

靖国神社にて

手紙も出さなければ電話もしていないのに、何故？　どうして⁉

そして、平成24年9月27日。あの靖国神社では、いとも簡単にご奉唱する事が出来たのです。この年の予定をパンフレットに書き込み、それを持ち再び知覧特攻平和会館に向かいました。

今度はもう最後になると思い夫と一緒に行ったのです。

知覧特攻平和会館は、太平洋戦争の末期にこの地から特攻隊として飛び立ち帰らぬ人となった多くの若者を慰霊しています。「父母兄弟の住むこの国を私が護る」との決意で命尽きるまで戦い抜いた人々。その心の叫び、家族に対する思い、なかでも母に対する思いを目の当たりにして、涙が溢れあふれて止まらなかったのを今も昨日のように思い出します。

知覧とは「薩南の静かな町、特攻隊の若者が最後の数日を過ごした町。祖国の困難に一命を捧げた若者たちが250キロの爆弾を抱えた特攻機に搭乗し飛び立った町」

ゆっくりと館内を歩きながら益々歌を捧げたくてたまらなくなったのです。

もうこれが最後のお願いと事務所に行き、もう一度「歌わせて頂きたい」と頼みましたが駄目の一言でした。

その時私が差し出した行事予定表。私たちが帰ってから見てくださいと渡したにも関わらず、係の人はその場で開いて見ました。

そして「9月27日靖国神社ご奉唱」と書き記した箇所で目が止まりました。

「靖国で歌われているのですね、それでは、ここで歌って頂くのは何の問題もありません」と言われたのです。

手紙を送る事5回、足を運ぶ事2回。ご奉唱させて頂くのも時間がかかる。

平和観音堂にこの事を報告に上がると、「貴女が歌う日を楽しみにしています」と聞こえたような気がした。

ここまでの道程はやはり必要だったのでしょう。苦労があったからこその「天の計らい」と理解しました。

そして、平成24年12月2日に至り、知覧特攻平和観音堂にて念願のご奉唱が叶ったのでした。

奇跡とは、いとも簡単に起こるものだと思ったのが翌日の霧島神宮での出来事でした。

12月3日朝10時、霧島神宮で偶然一緒になったあのオノヨーコさんと二人で御奉唱をする幸運に恵まれたのです。

この時、オノヨーコさんは武道館コンサートで来日していて、もうこれが最後

霧島神社でオノヨーコさん（手前）と

の訪日との想いで、小野家のご先祖様が祀られているご神殿にお参りに来ていたのです。

霧島神宮にご先祖様をお祭りする社がある程のお方なのですね。


ここからは奇跡としか思えないような事が起こりまくります。

靖国神社では、ご奉唱を始めると直ぐに霧雨が降り始め、終わると直ぐに止んだのです。これを靖国神社では、「龍神様の涙」と教えてくれました。

沖縄護国神社では、ご奉唱を始めると直ぐ何処からかともなく合唱が始まり、ご神殿内にいた人たちが誰が歌っているの？　と騒ぎ出しました。

3回にわたりご奉唱しましたが、全てそうであったのです。

更に高知県護国神社では、写真に御霊様が写り、宮司さんが撮った写真にも、夫鶴澤が撮った写真にも、同じ位置に御霊様のお姿があり、驚き感銘したのでした。

◇私は一匹オオカミです

久しぶりに鶴澤と一緒に鳥取護国神社に行った時の事です。

まず、「国歌（君が代）」「海行かば」をご奉唱し、次に「蛍の光」を歌い出した頃、夫鶴澤がおーおーと奇妙な声を上げたのです。

天井から下がっている大きな鉄製の電気のかさが大きく揺れ始めたのです。

何も知らない私は一生懸命歌っているのに、後で「歌っている途中で変な声出さないで！」と文句を言ったのです。その時、

「この大きな傘が歌っている途中から揺れ始めたのです」と言うのですが、にわかには信じられませんでした。しかし後でビデオを見て私も、

「おーおー」と同じような声をあげてしまいました。

こんな事があるんやなぁー！　不思議だわ。


護国神社を回り、大分護国神神社に行った時の事です。

私が歌い終え、宮司様が「貴女はご自分は何だと思っていますか？」と尋ねられた。

「私は一匹狼です」と答えました。

するると宮司様は、「オオカミには獣へんの狼と、もう一方では大神とも書きます。貴女はご自分では気がつかれてないようですが、この二つを持ち合わせて生まれてきました」

「狼とはシリウスです。シリウスが太陽を照らしその太陽が地球を照らし万物は命を頂いているのです。私は学生時代天文学を少々勉強する機会がありました。貴女を見て興味が湧いて来ました。貴女は地球を守るシリウスです」


その時は訳がわからなかったのですが、今はだんだんそれとなく分かるようになりました。この時、香川から二人の友人が一緒だったのですが、この話を一緒に聞き、私が福岡へ行く事になっていたので車で大分駅まで送っ

大分護国神社

大分の虹

てくれる事になりました。

　途中、橋を渡ろうとすると晴天なのに鮮明な虹が現れ、生まれて初めて見た晴れの日に現れた鮮明な虹に三人は驚きました。

　この虹の現れ方は、私たちの間では未だに語り草となっています。

おわりに

さぁーて！　２０１９年は何をするか⁉

もちろん、５回目の世界ツアーが、今年も６月26日から10月22日迄の約４カ月の予定で始まります。


さて、現在もまだ、相変わらず私が持っていない物があります。

それは、「恐怖心とお金」です…。

例によってまた、何も決まってないのに、世界一周チケットを購入してしまいました。

いつもの事ですが、またもや自分をギリギリの所まで追い込んでしまいました。

今回は、カナダからスタートするツアーで、アメリカ、中米、ヨーロッパ、アジアの計15カ国を訪問し、各国の国歌と日本の国歌を歌い絆を繋いでいきます。

幸せ者はまた笑って帰って来るのです。

もうすでに私自身のなかでは、東京オリンピックでは歌うに違いないと思い込んでしまったから、２０１９年のツアーは、この次の夢に向かってのチャレンジになります。

その夢とは、近い将来宇宙船に乗り込み、宇宙の平和を祈り、地球に向かって歌わなければならない、という事です。

その準備として出来上がった歌が「宇宙（ゆめ）」です。

この「ゆめ」はもう、既にツアーに向け練習が始まりました。

「ゆめ」を運良く大分県で聴いてくださった人から、こんなメールを頂きましたので紹介します。

「きっとこの人は、私たちを違う世界に連れて行ってくれる人だと思った。貴女の底知れぬ勇気と前向きな気持ちに、どれだけ世界中が励まされることか！」とありました。

私は、このように応援してくださる人たちに力を貰い、さらに「遠くて高い山」に挑戦する事が出来るのです。

２０１９年のツアーからは、新しく私の歌となった「宇宙（ゆめ）」を歌い、世界の国歌を歌い、日本の歌を歌い、オペラのアリアを歌い、一人旅は続きます。

宇宙レベルの夢を語り世界を歌い旅していると、きっとこの歌バカを宇宙船に乗せて歌わせてやろう‼　とスポンサーが現れるに違いないと信じ込んでいる。

何故そんなに信じ込めるのか？　と聞かれたら。

私の夢は、小さいものから大きいものまで、幸せなことにほとんど叶って来たのです。

東京オリンピックに向けては、同じ考えを持つ仲間が現れ、そこで歌うのも、もはや夢ではなくなったのです。

人は、何を目指すにも、「人の幸せを」第一に考えると、向こうから必要な人が自然に集まってくるのです。


私を「日本一のバカ」と褒めてくださり、こんな私を唯一本気で記事にしてくださったのが、みやざき中央新聞編集長の水谷もりひとさんでした。

さらにこの水谷さんがいたから、歌バカは日本中のいや世界の読者さんに知って頂けるようになりました。出版社のごま書房新社の池田社長に繋げていただけたのです。

お天道さんは、いつまでも諦めず努力し続ける私に、本当に必要な人を会わせてくれるのです。ありがたくて、ありがたくて、ありがとう、ほんとにありがとう。

世界に広がる「鶴の会」の皆さま、茨木護国神社の佐藤昭典宮司さま、私の暮らす香川県高松石清尾八幡宮の松田和雄名誉宮司さま。そして世界中でお世話くださった仲間たち…。

世界の人たちを繋ぎ続けてくださる大塚正尚先生、両親、忘れてはならないのが夫浩明…。

多くの仲間に支えて頂いたからこそ、私は歩いて来られた長い道のりです。

これから、もっともっと仲間の輪が広がり、それはいつの日か宇宙レベルになるでしょう。皆さんも一緒に宇宙船に乗り込みませんか？

「志を万里の果てまで」の気概から、次は「志を宇宙の彼方へ」と私は成長し続けます。

私は世界の国々に敬意を払い、その国の言葉で国歌を歌わせていただく事が日本人としての誇りを取り戻す一歩となる事を確信します。

日本人の心を聴いて欲しいから世界の国歌を歌うのです。

それが私の出来る、日本人として日本国への恩返しだと信じます。

最後に本をお読みいただいた皆さまに私の大好きな言葉を贈らせていただきます。

「人生は神の演劇、その主役は己自身である」

深く深く感謝を込めて。

鶴澤美枝子

＜著者プロフィール＞

鶴澤 美枝子（つるさわ みえこ）

15歳でマリアカラスさんの歌声を聴いてしまった。

その瞬間こんな声で私も歌えると思い込んだ。

あれから52年飽きもせず一人で猛烈に練習する。

カラスさんを追いかけ、追いかけ、気づいたら68歳。

届かないからまだ歌っている、そして届くまで歌い続ける。

私には肩書など何もない、肩書の代わりに夢がある。

歌以外は、普通に結婚し子供も二人いる。

70歳を間近にしこの平凡な幸せこそが不屈の精神力に拍車をかけたと知る事が出来た。

だから歌う、これから宇宙を目指せる。

歌の旅はいつも一人。

私はただの歌バカ。

君が代と世界の国歌を歌う
たった一人のワールドツアー

著　者	鶴澤 美枝子
発行者	池田 雅行
発行所	株式会社 ごま書房新社 〒101-0031 東京都千代田区東神田 1-5-5 マルキビル 7F TEL 03-3865-8641（代） FAX 03-3865-8643
カバーデザイン	（株）オセロ 大谷 治之
DTP	ビーイング 田中 敏子
印刷・製本	創栄図書印刷株式会社

ISBN978-4-341-08736-4 C0095

ごま書房新社のホームページ
http://www.gomashobo.com

水谷もりひと 著　**新聞の社説 シリーズ合計 13万部突破!**

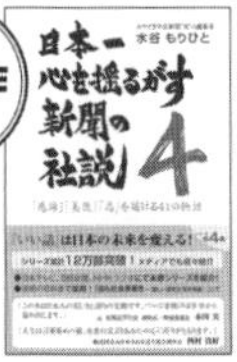

最新作

『いい話』は日本の未来を変える！

日本一　心を揺るがす新聞の社説４

「感謝」「美徳」「志」を届ける41の物語

●序　章　「愛する」という言葉以上の愛情表現
●第一章　心に深くいのちの種を
聞かせてください、あなたの人生を／我々は生まれ変われる変態である　ほか11話
●第二章　苦難を越えて、明日のために
問題を「問題」にしていくために／無言で平和を訴えてくる美術館　ほか11話
●第三章　悠久の歴史ロマンとともに
優しさだけでは幸せに育たない／美しい日本語に魅了されましょう　ほか11話
●終　章　絶対に動かない支点を持とう！

本体1250円＋税　四六判　196頁　ISBN978-4-341-08718-0　C0030

ベストセラー！　感動の原点がここに。

日本一　心を揺るがす新聞の社説１

みやざき中央新聞編集長　水谷もりひと　著

大好評15刷！

タイトル執筆
しもやん

●感謝　勇気　感動　の章
心を込めて「いただきます」「ごちそうさま」を／なるほどぉ～と唸った話／生まれ変わって「今」がある　ほか10話
●優しさ　愛　心根　の章
名前で呼び合う幸せと責任感／ここにしか咲かない花は「私」／背筋を伸ばそう！　ビシッといこう！　ほか10話
●志　生き方　の章
殺さなければならなかった理由／物理的な時間を情緒的な時間に／どんな仕事も原点は「心を込めて」　ほか11話
●終　章
心残りはもうありませんか

【新聞読者である著名人の方々も推薦!】

イエローハット創業者／鍵山秀三郎さん、作家／喜多川泰さん、コラムニスト／志賀内泰弘さん、社会教育家／田中真澄さん、（株）船井本社代表取締役／船井勝仁さん、『私が一番受けたいココロの授業』著者／比田井和孝さん…ほか

本体1200円＋税　四六判　192頁　ISBN978-4-341-08460-8　C0030

好評7刷！

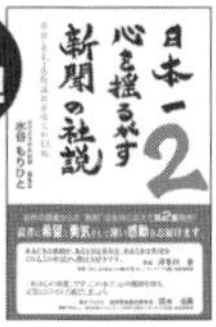

［あの喜多川泰さん、清水克衛さんも推薦！］

続編！　"水谷もりひと"が贈る希望・勇気・感動溢れる珠玉の43編

日本一　心を揺るがす新聞の社説２

●大丈夫！　未来はある！(序章)　●感動　勇気　感謝の章
●希望　生き方　志の章　●思いやり　こころづかい　愛の章

「あるときは感動を、ある時は勇気を、
あるときは希望をくれるこの社説が、僕は大好きです。」作家　喜多川 泰
「本は心の栄養です。この本で、心の栄養を保ち、元気にピンピンと過ごしましょう。」
本のソムリエ　読書普及協会理事長　清水 克衛

本体1200円＋税　四六判　200頁　ISBN978-4-341-08475-2　C0030

好評3刷！

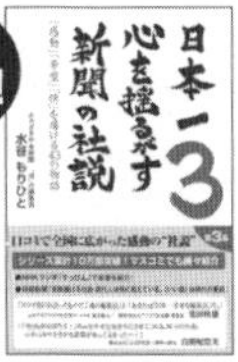

"水谷もりひと"がいま一番伝えたい社説を厳選！

日本一　心を揺るがす新聞の社説３

「感動」「希望」「情」を届ける43の物語

●生き方　心づかい　の章
人生は夜空に輝く星の数だけ／「できることなら」より「どうしても」　ほか12話
●志　希望　の章
人は皆、無限の可能性を秘めている／あの頃の生き方を、忘れないで　ほか12話
●感動　感謝　の章
運とツキのある人生のために／人は、癒しのある関係を求めている　ほか12話
●終　章　想いは人を動かし、後世に残る

本体1250円＋税　四六判　200頁　ISBN978-4-341-08638-1　C0030